La España impertinente

Un país entero frente a su mayor reto

La España impertinente

Un país entero frente a su mayor reto

Eduardo Punset

Ediciones Destino

No se permite la reproducción total o parcial de este libro, ni su incorporación a un sistema informático, ni su transmisión en cualquier forma o por cualquier medio, sea éste electrónico, mecánico, por fotocopia, por grabación u otros métodos, sin el permiso previo y por escrito del editor. La infracción de los derechos mencionados puede ser constitutiva de delito contra la propiedad intelectual (Art. 270 y siguientes del Código Penal).
Diríjase a CEDRO (Centro Español de Derechos Reprográficos) si necesita fotocopiar o escanear algún fragmento de esta obra. Puede contactar con CEDRO a través de la web www.conlicencia.com o por teléfono en el 91 702 19 70 / 93 272 04 47.

© Eduardo Punset, 1986

© Ediciones Destino, S.A., 2012
 Diagonal, 662-664. 08034 Barcelona
 www.edestino.es

Primera edición: 1986
Primera edición en Destino: septiembre de 2012

ISBN: 978-84-233-2405-7
Depósito legal: B. 17.768-2012
Impreso por Cayfosa
Impreso en España - *Printed in Spain*

El papel utilizado para la impresión de este libro es cien por cien libre de cloro y está calificado como papel ecológico.

*A Eduardo y María,
por haber estado desde
el comienzo.*

Introducción

Estuve dudando un tiempo sobre si debía escribir una introducción que sustituyera la escrita veintiséis años antes con motivo de la publicación inicial de *La España impertinente* en 1986. Me hizo decidirme, y renunciar a mis dudas, el último capítulo de este libro, Epílogo desde Londres, que encargué excepcionalmente a mi gran amigo del exilio, ya fallecido, Fernando Pérez-Barreiro Nolla.

De pronto, tuve ganas de recordarles a mis lectores que habíamos dado, es cierto, un pequeño paso adelante, gracias a la apertura de España al exterior, pero que casi todo a lo que apuntaba Fernando en sus reflexiones desde Londres seguía sin hacerse realidad. En contra de lo que dicen muchos observadores, nuestro problema no es convencer a los europeos de que hagan tal o cual cosa, sino asumir que nos toca a nosotros cambiar nuestra manera de ser y de proceder. Veintiséis años después es exactamente lo mismo que está ocurriendo ahora.

Una anécdota lo ilustra. Hacia el final de la Transición, el ex presidente del Gobierno Adolfo Suárez quiso pedirme que formara parte de su último ejecutivo, y llamó por teléfono al que era entonces el número privado de nuestra casa en Aravaca. Yo había figurado en el primer Gobierno democrático como secretario general técnico del Ministerio de Industria, que dirigía el abogado del Estado y gran amigo Alberto Oliart; la idea de incluirme no fue sólo de Alberto, sino también del vicepresidente segundo del Gobierno, el economista Enrique Fuentes Quintana, que estaba convencido de que a los industriales españoles les convendría tener en el Ministerio de Industria a alguien no necesariamente implicado en intereses industriales, sino puramente en la consecución del equilibrio económico. En aquel primer Gobierno de la Transición se firmaron los famosos Pactos de la Moncloa y todo funcionó bastante bien.

Tras aquello, alguien había convencido al todavía presidente Adolfo Suárez de que yo debía formar parte también del que iba a ser su último Gobierno, justo antes del golpe militar de teniente coronel Tejero. Por aquel entonces, las conversaciones con Europa estaban totalmente encalladas y no estaba claro si España podría alcanzar, a pesar del prestigio de haber sabido salir de la dictadura y haber entrado en la democracia, el objetivo de ingresar también en la Unión Europea. El que iba a ser vicepresidente segundo del último Gobierno de Suárez, Leopoldo Calvo Sotelo, había sido hasta entonces ministro de Relaciones con las Comunidades Europeas y no se cansaba de repetirle al presidente Adolfo Suárez, de quien dependían los nombramientos, que quien le sucediera debía ser, en lugar de ministro, secretario de Estado.

Nunca entré en el detalle de la cuestión, pero tenían cierto sentido los argumentos de Leopoldo: si el inminente vicepresidente del nuevo Gobierno acababa de desempeñar el cargo de ministro de Relaciones con las Comunidades Europeas y conocía, por lo tanto, los entresijos de la negociación, ¿para qué iba a necesitar un ministro que desempeñara esas funciones? Bastaba con un secretario de Estado, venían a decirle sus asesores.

¿Para qué podía querer el Gobierno un ministro de Relaciones con las Comunidad Europeas, si ya tenía un ministro de Exteriores en toda la regla? Por dos razones muy sencillas: primero, porque la entrada o salida de Europa era ya tan esencial como lo es hoy y la propia Unión Europea exigía al país candidato que su interlocutor tuviera la categoría de ministro; y segundo, por lo que expliqué a los asesores de Suárez cuando me pidieron que ocupara el cargo (y que le llevaron a descolgar el teléfono para decirme «De acuerdo, ministro») y he resumido en el segundo párrafo de esta introducción.

La negociación con Europa nunca fue sobre el texto aprobado de la Unión Europea; de lo que se trataba era de negociar con las instituciones, empresarios y grupos de interés españoles para que asumieran los cambios necesarios de su apertura en el exterior. Se necesitaba un responsable en el Consejo de Ministros no tanto para negociar con Europa, como con los españoles. Tanto ahora como hace veintiséis años.

El lector se percatará fácilmente de que el hilo conductor de los escenarios de este libro, que se suceden durante casi medio siglo, no es otro que la obsesión de España. Como toda obcecación, es el resultado personalísimo de la fascinación que sobre el autor han ejercido determinados gestos, silencios —the dog didn't bark, le aclaraba Sherlock Holmes a Watson, como clave del misterio, en una ocasión— o balbuceos malogrados de la lucha del colectivo de españoles por mejorar sus niveles de bienestar y sosiego en los últimos años. A veces, el deslumbramiento procedía de los colores del escenario.

Los lingüistas andan descubriendo ahora que el idioma de un país se amolda a las particularidades de las regiones, de las comarcas y de las familias, como las corrientes acuíferas a los espacios subterráneos disponibles. Los ordenadores pueden detectar fácilmente las estructuras idiomáticas vinculables a cada linaje individual. ¿Cómo no va a ocurrir idéntico proceso con la idea de España?

A los lectores a quienes moleste la crítica necesaria de nuestros comportamientos, les pido benevolencia en aras del esfuerzo que comporta identificar los grandes activos con que cuenta la sociedad española al adentrarse en el umbral de un cambio social y tecnológico sin precedentes en el último trecho del segundo milenio.

Una vez más, España se ha convertido —en virtud de su proceso de apertura al exterior— en un banco de ensayos, donde van a confluir las doctrinas y experimentos vigentes en el resto del mundo. Tal vez porque hemos logrado emerger de la miseria económica y disfrutado del ejercicio de las libertades más tarde que los demás países europeos, la capacidad de aprendizaje de los españoles está intacta. Éste es su mayor activo y la única ventaja comparativa indiscutible.

Barcelona, agosto de 2012

Capítulo 1
Primeras percepciones de España

«Subrayo que cada uno se halla reducido a los saberes particulares y a los lugares comunes.»

EDGAR MORIN, *Ciencia con conciencia*, Barcelona, 1984

¿Quién dijo que España era una sociedad invertebrada? Todo lo contrario: vertebrada, mal vertebrada. Es el paradigma de la sociedad osificada por el poso de las herencias y costumbres centenarias. Hasta donde el recuerdo alcance encontrará por doquier compartimentos estancos, fibras convertidas en vértebras, colectivos de gentes supuestamente homogéneas enfrentadas por la indiferencia, en el mejor de los casos, y un odio que ha despertado la lúcida curiosidad de los mejores historiadores anglosajones, la mayor parte de las veces.

Vilella Baixa estaba encaramada como una hiedra en una de las cimas del Montseny. El *carrer* que no pasa había permanecido intacto desde su construcción por los sarracenos en el siglo XIV. Nadie entendía muy bien el calificativo de «Baixa» adscrito a Vilella en los registros municipales. Sobre todo, si se accedía a ella por el este, gracias a la ondulada carretera procedente de Falset, cabeza del partido municipal. Hacía falta entrar por el oeste para descubrir el enigma: a diez kilómetros, se dejaba atrás Vilella Alta, todavía más escarpada en la bruma que su vecina y tocaya. Era evidente que Vilella Baixa debía su nombre a la simple presencia cercana de una Vilella todavía más alta.

El silencio del mediodía en verano es hoy todavía un punto de referencia capital para la diáspora del Priorato. Se puede oír el aliento de las gentes mientras vuelven a su origen mineral durante unos instantes, los animales y las escasas plantas. El intento de las cigarras por romper, al unísono, este silencio, es como las agujas de acupuntura que inmovilizan los resortes nerviosos de un cuerpo ya de por sí maltrecho. Millones de ciudadanos nacen, viven y mueren sin haber experimentado nunca este tipo de silencio. ¿Cómo aprender entonces que la manipulación del silencio o del tiempo son variables tan fundamentales como la acción o la palabra?

Cuarenta años después, el juego delicado del profundo efecto dramático de los silencios intercalados en el discurso me regresa siempre al silencio original del mediodía de aquellas tardes de verano. «El tiempo trata mal a los que lo descuidan», dijo Jean Anouilh. Se tarda décadas en constatar que el tiempo es un factor manipulable en nuestras sociedades. Ni en Vilella ni en España existe obsesión alguna con el tiempo, el cual viene dado como la losa de un cementerio. El castellano es incapaz de traducir la acepción anglosajona del *timing*, que establece claramente la relación existente del hombre frente al tiempo. En un 90 por ciento la política consiste en la manipulación inteligente del tiempo, para sincronizarlo matemáticamente con el latir de las gentes.

Caben pocas dudas de que la secuencia de los fracasos colectivos en este país obedece a una concepción equivocada, ajena del tiempo. La historia española está plagada de impulsos dogmáticos impuestos arrítmicamente. A destiempo. Es una sociedad que todavía no se ha propuesto la tarea tonificante de vincular el tiempo con el comportamiento de los hombres. No es otra la razón de que en los años ochenta España se encuentre a destiempo, redactando constituciones, constituyendo partidos políticos, organizando sindicatos, resucitando parlamentos regionales, muchos años y, a veces, siglos después de su momento.

Es obvio que se paga un precio, en términos de coste social, por intentar llevar a cabo la revolución burguesa dos siglos después de cuando fuera el momento. Ni el entorno, ni las personas, ni las ideas han permanecido inermes todos estos años, esperando a que las clases dirigentes activaran los procesos de cambio. Ni se cuenta ya con los activos de que disponían las generaciones de hace dos siglos, y además se han perfilado pasivos que nunca les acosaron a ellas.

En la base de todos los grandes impulsos civilizadores de la especie humana yace, siempre, un cambio radical en la concepción del tiempo y su manipulación por el hombre. En el siglo XII, uno de los pocos precedentes históricos de talla, comparable a la revolución que se avecina a fines de este segundo milenio, aparecen los primeros relojes de campanario. Por primera vez, el trabajo laborioso de las gentes está presidido y ordenado por unidades divisorias más accesibles que la revolución de la Tierra en torno al Sol. La compartimentación de los trabajos en el tiempo, la segmentación precisa del espacio vital en función de edades, la probable regularidad en el régimen de comidas y descansos que indujo la presencia del reloj en el campanario —su presidencia del quehacer humano— dispararon al alza los índices de productividad.

En el siglo XVIII, en pleno fragor de la revolución industrial, la medición cronométrica de los tiempos en las largas producciones en serie permite regular las complejidades de los nuevos esquemas de producción. El taylorismo, al regular e intensificar las cadencias de trabajo, no hacía sino introducir en el interior de los cobertizos improvisados, en naves industriales y en talleres, el viejo reloj del campanario modernizado en consonancia con las exigencias de la producción industrial.

Ya en la segunda mitad del siglo XX, ¿qué es la revolución de los microprocesadores sino una nueva y radical manipulación del tiempo, que permite procesar en milésimas de segundo esquemas del conocimiento que requerirían esfuerzos continuados durante horas, meses y años?

Vilella Baixa estaba perfectamente sincronizada. Cada una de sus casas, vides, higueras, almendros y *lledoners* con sus cuatrocientas mujeres y hombres son un testigo permanente anunciando la nueva sedimentada al final de los largos ciclos agrarios: hacer las cosas a su debido tiempo es el primer peldaño de cualquier proceso de modernización.

Vilella Baixa sigue siendo hoy un punto capital de referencia y cuando en las salas de aeropuertos, estaciones o restaurantes la gente se interpela para saber cómo se puede salir de la miseria y de la crisis, haría falta más de un instante para desgranar la convicción asimilada desde entonces de que es preciso no anticipar nunca revoluciones para no correr el riesgo —como decía Maurice Thorez— «de encontrarse solo y gesticulando delante de las masas», ni retrasar en una hora los cambios necesarios que la gente, llena de razones, viene reclamando.

Para los niños menores de diez años en 1941, en Vilella Baixa, el recuerdo de la República y de la guerra civil, firmemente concluida en el Boletín Oficial del Estado, eran los nombres de tres compañeras de juego: Libertad, Primavera e Ilusión, hijas de un anarquista insospechado, al que se enterró en las orillas del Ebro, y de las *razzias* efímeras de los maquis contra las patrullas de la Guardia Civil, que tenía su cuartel general en Poboleda.

Al contrario de lo que sucede ahora, las niñas y niños del Priorat tenían un solo libro cuando iniciaban el curso llamado escolar. Aquel libro concluía la Historia de España en los Reyes Católicos y, dadas las dificultades de dar el salto mortal en el tiempo que exigía enlazar con monarcas o los condes barbudos de Barcelona del siglo XI, el colectivo infantil prefería quedarse sin historia. Tal vez por ello, los españoles son gente sin historia, nacidos de repente en el instante fugaz de una conjunción de elementos impulsada por leyes astrológicas. ¿Dónde está el nexo de estas generaciones con la patria de sus antepasados? Es como si todos los españoles hubieran nacido debajo de una roca, abandonados allí por un vagabundo extranjero. De ahí que los españoles sean, todavía, tan distintos unos de otros. Lo son de nacimiento. Lo han sido siempre, como dos venas ajenas y paralelas tejidas en el cuerpo de España.

«*Don't you forget it...*», le decía un personaje de Walt Disney, al deletrearle su nombre a otro más soberbio y podrido de dinero. ¿Dónde está el eslabón de la cadena que permita a los catalanes contemplar con serenidad un siglo atrás y afirmar: «Soy el subproducto lógico y natural de la historia de este país que muestra la diapositiva de 1885?» La mayoría no ha podido desentrañar por su cuenta que, precisamente en 1885, Valentí Almirall había osado presentarle al rey Alfonso XII un documento «en defensa de los intereses morales y materiales de Cataluña». O de que tres años después, nada menos que Menéndez y Pelayo leyera en catalán a la reina de los Juegos Florales —y regente de los españoles—, con motivo de la exposición universal, el «*Missatge* a S. M. Doña María Cristina de Habsburgo y Lorena» reivindicando los derechos de la «*Nació Catalana*». La historia real no ha conformado a los españoles, y en la conciencia faltan demasiados eslabones para aglutinar a las gentes en un proyecto colectivo con sentido.

Y, no obstante, es posible. Bastaría con aceptar que no hay sustituto a hacer las cosas bien. Se trataría de reemplazar la lista de reyes godos por una reflexión sencilla sobre la historia de las vidrieras policromadas de muchas iglesias españolas; la evolución y modelos de construcción de la vivienda a lo largo de los siglos; la geografía económica y alimenticia de España; los movimientos de poblaciones, la historia de la cultura y tecnología, la tipología de las plantas y flores, la zoología, las componentes reales y concretas de la historia de un pueblo. Los españoles adultos no están debidamente conectados con su pasado.

Haría falta saber que la expansión del humanismo del Renacimiento significó el declive de la policromía de las vidrieras, que fueron relegándose al pasado y con ello la pura naturaleza visionaria de los colores intensos, en favor de los valores táctiles entre arquitectónicos y escultóricos. Fue el resurgir del mundo clásico que con su fuerza apartaba el misterio. La racionalidad suponía un regreso forzado de las masas a la luz blanca y deslumbrante del sol. Hubo que esperar al romanticismo para que el vidrio policromado volviera a valorizarse después de un eclipse de cuatro siglos. Walter Scott, en Inglaterra; Chateaubriand y Victor Hugo, en Francia; Pau Milá i Fontanals y Piferrer, en Cataluña, liberaron hacia la Edad Media la emoción de las sensibilidades, reivindicando los misterios de los espacios oscuros y las fantasmagorías cromáticas. Las vidrieras policromadas de España son un indicador seguro de la historia de la sensibilidad de los españoles desde su redescubrimiento por el romanticismo, hasta su destrucción sistemática por los formalismos de comienzo de siglo.

¿Qué decir del silencio sepulcral sobre la peripecia histórica de las construcciones en que se ha cobijado la infancia de este país? ¿De quién ha sido la culpa de que ningún adulto catalán sea consciente de que la casa en que pasó su niñez está definida básicamente por una tipología organizada por tres espacios o crujías entre cuatro muros de carga paralelos que soportan las tramadas de cuatro o seis metros, siguiendo las leyes de una economía estricta de la construcción? En Cataluña, las masías, esa rotundidad formal con su trilogía de espacios, sus proporciones y su volumetría, están ahí como testigos mudos esperando que alguien las reincorpore a la conciencia histórica de las gentes que deambulan sin historia.

En España, alcanzar una buena nutrición ha sido mucho más difícil que en los países desarrollados, debido, principalmente, a la desertización del suelo, la emigración, las guerras de reconquista, las guerras religiosas en Europa y, sobre todo, a la tardía incorporación al mundo moderno. En el primer tercio del siglo XVI, cuando aparece la literatura del hambre, que durará un siglo y medio, los pobres, bribones y pícaros de cocina viven acuciados por el hambre, un hambre que toma el papel central en una filosofía de la existencia.

Los nobles y reyes que padecieron de gota se alimentaron casi exclusivamente de carnes y pescados; el pueblo, en cambio, de pan, tocino, cebollas, ajos y algo de queso. Pueblos enteros consumían bellotas como toda alimentación y «circulaban gentes por los caminos comiendo hierbas y raíces», como dice Mateo de Lisón y Biedma, procurador de las Cortes de Granada, en su descripción del país. En el siglo XVIII, la emigración a América y la despoblación, unidas al absentismo de los terratenientes, exacerbaron de nuevo el hambre. No es hasta el siglo XIX cuando el «hambre» en masa empieza a desaparecer. La irrupción de una clase media ilustrada conlleva una alimentación más racional y nutritiva. Desgraciadamente, el progreso del siglo XIX y principios del siglo XX se convierte en retroceso en España, por causa de la guerra civil.

En los años de la guerra y la posguerra, la población civil consumía una dieta de ochocientas a mil calorías diarias, aflorando graves carencias de proteínas animales y vitaminas, especialmente vitamina B, lo que produjo un intenso brote de pelagra, neuropatías carenciales, neuritis óptica, acústica carencial, glositis simple y edemas de hambre. Los recién nacidos del año 1938, pertenecientes al sexo masculino, muestran una ligera pero significativa pérdida de peso, con relación a los que nacieron antes de la guerra, por efecto de la desnutrición de la madre. No se trata tanto de un problema de bienestar, como de desarrollo. El hombre debe absorber energía si quiere producirla, y para compensar la deficiencia, cuando existe, trabaja a ritmo lento y renuncia a cualquier esfuerzo o estímulo imprescindible para ahorrar ejercicio muscular.

Se sabe hoy que el hambre en un aula escolar conduce al letargo y a la apatía. La desnutrición convierte enfermedades infantiles leves en graves e incluso mortales e influye desfavorablemente en el desarrollo mental y físico. Los niños que sufren una grave desnutrición tienen cerebros más pequeños que el tamaño medio: poseen, a los dos años, de un 15 a un 20 por ciento menos de células cerebrales que los niños cuya nutrición es buena, y, como han puesto de manifiesto las encuestas más recientes, la desnutrición en la primera infancia está en el origen de conductas anormales en la adolescencia.

La herencia es la clave para el desarrollo final del hombre, pero la buena nutrición es indispensable para que pueda alcanzar su potencial genético. El japonés típico de EGB ya no cabe en la silla que ocupaban sus padres. Desde que finalizó la guerra en Japón, se han tenido que cambiar dos veces los escritorios de las escuelas por otros más grandes. En la actualidad, los arquitectos diseñan las entradas de las casas y oficinas quince centímetros más altas que antes.

Sólo a mediados de los años cincuenta se recuperan en España los volúmenes de las cosechas de 1929 y comienza la industrialización agrícola, aumentando los rendimientos del campo, de la ganadería, pesca y conservación de los alimentos, que llevan de forma natural a una mayor nutrición de la población, con gran retraso respecto a otros países.

Quizá la indiferencia continuada a los problemas de desnutrición se deba a que los gobernantes y poderosos no se sienten expuestos directamente a sus efectos, como podrían sentirse con respecto a epidemias como el cólera en el pasado o en estos momentos el SIDA, que son enfermedades que afectan a todas las clases sociales indiscriminadamente.

¿Cómo explicar que en Cataluña, tan proclive a rearticular

identidades colectivas en función de errores históricos, sólo los ornitólogos sean conscientes de la singularidad del Principado dentro de la Región Paleártica, que comprende Europa, Siberia, Japón, África del norte y parte de Arabia? A pesar de su pequeña extensión —y debido a su gran variedad geológica, climática y botánica—, en Cataluña anidan la casi totalidad de las cuatrocientas especies de pájaros características de la Europa occidental.

La infancia en Vilella Baixa constituía una acumulación sin fin de sentimientos asombrados: la persecución sin tregua de todo tipo de pájaros —*perdius, garses, puputs, merles, orenetes, ballesters, roquerols, pica-soques, xibeques, xots* y *mussols*—, las inundaciones del río en invierno y la sequía en verano, el pozo donde tradicionalmente se suicidaban los que decidían apearse de una vez por todas del ciclo agrario, traspasar corriendo el campo visual de los ancianos reflexionando en las puertas de sus casas sobre todo y nada, la habilidad de coger peces y ranas con las manos, domesticar perdices y lechuzas, esperar el jueves en la carretera al autobús —verdadero artefacto para marear a la gente que hacía la conexión semanal con Reus, la pseudo capital de la provincia—. Con este bagaje aleatorio se transitaba de la niñez a la adolescencia.

Un pintor octogenario nacido en Reus, que había consumido su vida y ahorros en bodegones donde abundaban los brócolis, cebollas y calabazas, encontró su último refugio en la morada del médico rural en el término municipal de Vilaseca de Solcina y Salou, ahora Vila-seca, a ocho kilómetros de Tarragona.

Para el médico era ésta su tercera parada en un itinerario que había comenzado en Vilella Baixa y que le acercaba progresivamente a «el Dorado» de la capital de provincia. También el psiquiatra Rodrigo compartía —en espera de que llegaran sus muebles— la misma casa. Por razones inesperadas, el doctor Rodrigo tuvo que abandonar Vilaseca de Solcina mucho antes de que los muebles llegaran y fueran reexpedidos a su nuevo destino en la provincia de Pontevedra.

El doctor Rodrigo había sucedido al doctor Jaén, que, recién salido de la facultad de Medicina, inició su carrera de neurólogo en el manicomio situado al otro lado de la vía del tren, que la Diputación Provincial subvencionaba con cinco pesetas por enfermo y día.

El pintor reusense, el médico rural que cuidaba de las gripes y apendicitis de los desequilibrados, el doctor Jaén, primero, y el doctor Rodrigo, después, compartían el criterio de que aquella suma no bastaba ni para comprar aspirinas a los enfermos.

A comienzos de los años cincuenta, la psiquiatría disponía, para sosegar a sus pacientes, de un parco instrumental, que se reducía al electroshock y la trementina. Se suponía que el primero desconectaba las neuronas del sistema nervioso y, por tanto, las manifestaciones externas del comportamiento desquiciado, con el firme propósito, o más bien la esperanza, de que, al restablecerse un nuevo sistema de conexiones, al azar, la ley de los grandes números o la Providencia se encargarían de que fuera la adecuada.

La trementina era un líquido inyectable en el brazo o la pierna que producía una inflamación calculada para dejar totalmente inmovilizado al paciente, cuyas neuronas persistirían en la querencia ancestral de sus conexiones primitivas.

Los hijos del médico rural pasaban muchas tardes del domingo con los enfermos más accesibles, como el Pedreta, que podía jugar al parchís o a la oca sin soltar nunca una piedrecita que sostenía entre sus dedos índice y pulgar, como si se tratara de un juego malabar inimitable, y a la que dirigía su mirada intermitente llamándola por su nombre: «piedrecita».

A Pedreta, Simón y el Castellano se les permitía a menudo ir a la sesión de las siete para ver *Gilda* en el cine del pueblo. Nadie hostigaba a los singulares acompañantes y apenas se oía algún murmullo de protesta cuando, en plena proyección de la película, se reían cuando los actores lloraban o viceversa.

Había tardes del fin de semana en las que, en lugar de acompañar a los pacientes al cine, los hijos del médico podían recorrer, en tartana, el trayecto que separaba el manicomio de la Diputación de la clínica de pago del doctor Lartigau, situada a ocho kilómetros de Vilaseca. Casi siempre se trataba de trasladar algún enfermo, localizado por sus familiares tras meses de búsqueda, desde el establecimiento de la Beneficencia hasta el marco incomparablemente más limpio y decente de una clínica privada.

En aquellos años era particularmente elevado el porcentaje de población perdida, y no era fácil reconocer al vagabundo del que buscaba con las raíces cortadas nueva morada o del enajenado mental. Por razones obvias, la proporción de hombres y mujeres que se pierden en este último colectivo ha sido siempre mayor que para el total de la población. A las posibles ansias de escapar de la desesperación y del sufrimiento hacia una libertad genérica jamás identificada, hay que sumar el disimulo de un colectivo fugitivo que no quiere que le encuentren. El resultado era una situación en la que, a veces, transcurrían años enteros antes de que una familia pudiente localizara a su hijo o a su mujer desequilibrada y decidiera trasladarlo a locales más coherentes con su pasado.

El viaje desde la clase social en la que se había caído por distracción hacia otra más civilizada corría a cargo de un mozo originario de Huelva, que llevaba de oído la tartana como si fuera el piloto automático de un *jumbo* moderno. Era un viaje florido entre campos de olivos, que años más tarde se arrancarían para poner en su lugar un complejo petroquímico.

El mozo de Huelva mantenía un discurso ininterrumpido referido siempre a vivencias del pasado. Era obvio que para él la vida iba desde el presente hacia atrás, hasta donde llegara la memoria. Sus acompañantes no tenían más que acurrucarse en la banqueta opuesta a los dementes afortunados para esperar, como en el inicio de un *western*, la acción inminente que, a buen seguro, estallaría a lo largo del recorrido, o las historias fantásticas y aterradoras que el mozo de Huelva sabía arrancarle al pasado.

Cuando los acontecimientos ocurridos en el trayecto, de los que, lógicamente, eran protagonistas principales los sujetos del traslado, superaban en intensidad y sorpresa los recuerdos de la vida en un pueblo de Huelva, que fluían a borbotones en el discurso del mozo, nadie se acordaba después de estos últimos. Pero, a veces, era difícil arrinconar en el subconsciente de los hijos del médico rural acontecimientos ocurridos en la provincia de Huelva en los años cuarenta, perfectamente capaces de competir con la acción inminente del trayecto por un lugar en su memoria. En el atardecer de un sábado del mes de mayo de 1950, fue imposible dilucidar cuál de las dos anécdotas tenía menor contenido emocional, y hubo de preservar ambas de la carcoma del tiempo.

A mitad de camino de la cuesta de la Canonja apareció por la rasante, en dirección contraria, un camión con las luces largas, cuyo reflejo obligó —a pesar de la penumbra— a disminuir el ritmo de la marcha de la tartana. Fue este preciso instante el que aprovecharon Paula y Aurora para salir campo a través gritando como dos guerreros indios a punto de enzarzarse en una lucha cuerpo a cuerpo. El mozo de Huelva dio alcance a una de ellas, a unos cien metros de la carretera en medio del olivar, a su derecha. El conductor del camión, con matrícula de Lleida, probablemente inquieto por el espectáculo de un mozo acosando a una dama campo a través, frenó, aparcó su vehículo en el arcén, se apeó con premura y fue al encuentro de los protagonistas del escándalo. Aurora, que estaba a punto de plegarse frágilmente ante los músculos y experiencia del mozo de Huelva, tiró de la señal de alarma de sus neuronas enloquecidas y, con algún gramo de lucidez perdida en la maraña de su bloque genético, decidió gritar: «Socorro, socorro, que me violan». A Vicente, un puñetazo generoso del conductor del camión le derribó al suelo: sólo la Providencia fue responsable de que sus intentos para convencer al caballero de Lleida de que no se trataba de un asalto como los que tienen lugar en los caminos de España desde tiempos inmemoriales se explicitaran con tal rapidez y precisión gramatical, que cesaron casi inmediatamente los golpes. Entretanto, Aurora y Paula habían desaparecido del olivar, se reincorporaron para siempre al colectivo de desmemoriados sin paradero y, en el mejor de los supuestos, volvieron a reanudar con su entrada en otro centro de beneficencia en alguna provincia lejana la inconclusa marcha hacia una residencia de pago.

Lo que distingue a una nación solidaria, fundamentada en el sentimiento, lo que Adam Smith llamaba *sympathy* —y a la que se hace amplia referencia, a nivel doctrinal, en el capítulo de Conclusiones—, de un colectivo de individuos sin un lenguaje común para dilucidar cuestiones morales, es su incapacidad radical para «ponerse en el lugar del otro», y abandonar a su suerte a los marginados en su seno. El trato que recibían los enfermos mentales en la España de la posguerra ha mejorado sólo muy relativamente y, en todo caso, tiene connotaciones muy parecidas con el dispensado hoy a los colectivos modernos de marginados, como los drogadictos. Se trata de indicios profundos e inequívocos de que los españoles están lejos de superar el anticuado concepto hobbesiano de un Estado que se acepta como mal menor para evitar la lucha de todos contra todos y que, lamentablemente, siguen respondiendo a los injustos patrones de un colectivo de individuos sin un lenguaje común que les permita transformarse en nación solidaria.

No es probable que, tras el incidente, se sintiera con los ánimos adecuados para distraerse a sí mismo relatando la historia de rigor referida al pasado. Probablemente, estaría sumido en la melancolía producida por las descargas de adrenalina generadas por la insólita pelea y el temor de regresar a Vilaseca sin recibo de haber entregado la carga. Sabía perfectamente que el doctor Rodrigo escuchaba con tan poca atención a los demás como a sí mismo.

Es más verosímil que la historia del guardia civil asesinado por sus propios compañeros de armas en el balcón del Ayuntamiento la narrara Vicente durante el tiempo transcurrido desde la salida del centro de beneficencia de Vilaseca de Solcina hasta la mitad de la cuesta de la Canonja.

Un amigo íntimo de Vicente se había prometido, días antes de que fuera llamado a filas, con una chica bellísima que negaba su origen gitano. Un número de la Guardia Civil recién asignado al cuartelillo del pueblo aprovechó la ausencia del soldado para cortejar —según las voces que corrieron en el pueblo— con insistencia excesiva a la novia. Lo cierto es que, con motivo de un permiso en la época navideña, regresó el soldado vestido de uniforme y el propio jefe de la estación de ferrocarril fue el primero en alertarle de las amenazas que se cernían sobre su honor y su noviazgo. Todas las versiones coincidían: hubo intento firme de ponerle los cuernos, y la madre de la novia, entre sollozos, repetía incansablemente que sólo la fuerza moral, la educación recibida y el amor inquebrantable de su hija por el soldado habían conseguido evitar la tragedia.

Es sabido que el uniforme —salvo para quien lo lleva de oficio—, como el conducir desde las alturas un camión en carretera, o unas copas de vino, insensibilizan la piel y confieren un valor añadido. Tal vez por ello, o por el efecto de las alarmas proferidas por sus amigos y familiares, el soldado se fue directamente a interpelar al número de la Guardia Civil. Nadie sabe a ciencia cierta cómo se desarrolló la discusión, pero toda la provincia supo en seguida que en el pueblo un guardia civil había disparado el arma contra un soldado que estaba de permiso por navidades. Eran alrededor de las siete de la tarde y en menos de quince minutos se habían congregado en la plaza del Ayuntamiento seis mil personas clamando justicia y amenazando con incendiar la antigua casa del pueblo. El acusado se refugió, con algunos compañeros de armas, el alcalde y dos concejales, en el consistorio. Al cabo de dos horas, los ánimos se habían caldeado de tal manera que ni el frescor de la noche podía interrumpir la marcha inevitable hacia el trágico final: «¡Que lo maten, que lo maten!», gritaban abajo en la plaza.

El alcalde intentó, sin éxito, explicar desde el balcón del Ayuntamiento que todo había sido un malentendido, un accidente desgraciado que nadie había querido, que no podía jurar que no hubiera habido legítima defensa después. Todo fue inútil. Arreciaban las voces: «¡Que lo maten, que lo maten!», y a las diez de la noche se produjo el primer conato de incendio en los almacenes contiguos al Ayuntamiento. El pánico, lejos de desintegrar la concentración, la hizo más densa y tupida, más escandalosa, más impredecible y ronca. Sitiados por el fuego contiguo y la muchedumbre en la plaza, alguien, nunca se supo quién, tomó una decisión draconiana. A las once menos cuarto se oyó un tiro, sólo uno en el interior del Ayuntamiento. El cadáver del número de la Guardia Civil fue sacado en una camilla improvisada, ante la que se fue haciendo el silencio y una brecha más que suficiente en medio de la multitud. A las once y cuarto, todo el mundo estaba en sus casas, con la puerta cerrada y las persianas desenrolladas.

Es probable —como se demostró más tarde— que el grado de paranoia del doctor Rodrigo fuera algo superior al promedio, ya de por sí ligeramente más elevado que el europeo. Las guerras civiles, el hambre y las tensiones sociales exacerban la sensibilidad de las gentes hasta cotas que acaban desgarrando los delicados tejidos de la razón. Durante unos años, el desafío a que el joven psiquiatra se había visto sometido afinó sus sentidos, tensó su inteligencia y le hizo profundizar de manera desacostumbrada en el mundo de las ideas. El límite que separaba la sabiduría de la locura lo franqueó, eso sí, con efecto retardado, en un gran pueblo de Valencia, del que era médico especialista en neurología.

Las autoridades locales y el párroco le habían convencido de que emitiera el pregón de la fiesta mayor, ante las miradas inquietas de todo el pueblo reunido en la plaza del Ayuntamiento. Habló largamente, por espacio de casi dos horas, sobre el movimiento de tijeras antagónico seguido en los dos mil últimos años por la religión y la ciencia.

Gracias a la intervención del obispo, la expulsión de la región valenciana y posterior adscripción a Vilaseca de Solcina y Salou se efectuó en un mar de silencio. Ni en Valencia tenían noticia del paradero del doctor Rodrigo, ni en Vilaseca se sabía cuál había sido su destino anterior. Las tensiones sicilianas que acompañan siempre a los estallidos locales, el desgaste del tiempo de la posguerra sobre organismos castigados irremediablemente o, tal vez, el simple contacto novedoso con el manicomio de la Diputación en Vilaseca, acabaron de quebrar el entramado psicológico del psiquiatra: sólo la pareja de la guardia civil pudo salvar de la matanza al pintor de bodegones, al doctor Jaén y al médico rural, la esposa, la *tieta* y los hijos, encañonados a punta de pistola en la cocina a golpe de gritos contra los papas y una defensa del todo innecesaria de la cultura universal. En el fondo, se trataba del párrafo final de su discurso interrumpido en Valencia sobre la religión y la ciencia.

Tanto los doctores Jaén y Rodrigo como los dos estudiantes, Jordi Borja y Xavier Folch, que buscarían refugio en la misma morada años más tarde, perseguidos por la Brigada político-social, eran todos miembros del PSUC: creían en la reconciliación nacional y en el advenimiento cierto de un mundo más sosegado. La relación de solidaridad y afecto mutuo, que circunstancialmente se había iniciado en Vilaseca de Solcina, continuó años más tarde en la lucha clandestina contra el franquismo y ha sobrevivido hasta hoy todos los fuegos artificiales de la ideología.

En 1952, en Madrid, el escenario era muy distinto. Un miembro de la diáspora de Vilella Baixa aterrizó en la capital de España con el encargo específico de hablar bien el castellano, cosa nada fácil, ante la hilaridad que provocaba en el Colegio Mayor —al contrario de los demás y más variados acentos de España— la procedencia catalana. Las chicas parecían soportar peor que los hombres el discurso pronunciado con un huevo en la boca y nunca faltaba alguien que terminara la reflexión sobre el hecho periférico y catalán mostrando sus dotes para pronunciar «*setze jutges d'un jutjat mengen fetge d'un penjat*».

En Cataluña se nacía entonces con el idioma catalán, al que no podía calificarse de tal, ni de dialecto. Tal vez por ello se decía simplemente el catalán, que luego se afinaba en la calle hasta convertirse en un lenguaje que daba de sí para convocar los nombres de todos los peces y plantas conocidos hasta entonces. Las clases en la escuela, en cambio, se daban en castellano, y en castellano estaban, por supuesto, escritos todos los libros de texto. Durante unas décadas, el catalán se transmitía oralmente, como si se hubieran perdido los guarismos necesarios para su reproducción escrita. Las niñas y niños de aquella parte de la periferia española se acostumbraron desde su infancia a contar con más de una lengua para expresarse según las circunstancias. El hecho lingüístico fue siempre como un ligero dolor de estómago que uno soporta día sí y día no, sin necesidad de estar enfermo.

Era evidente que aquellos compañeros de Colegio Mayor en la Ciudad Universitaria de Madrid no habían tenido nunca este leve dolor de estómago. No había más que un idioma y no habían sabido nunca de lenguajes más certeros y contundentes. Todo lo demás eran, a lo sumo, bromas de mal gusto, con las que fugaz y raramente entraban en contacto. La razón estaba de su lado.

¿Qué galimatías de país sería éste, si no se utilizara un solo idioma? Parece lógico que si una sociedad, por demás ineficaz, se propone en materia de idioma comportarse singularmente de acuerdo con criterios de eficacia, un idioma es mejor que dos. Todos estaban de acuerdo en corroborar este descubrimiento conceptualmente irreprochable, socialmente necesario y repetido explícita o subliminalmente en centenares de miles de hogares españoles.

Pero había dos idiomas y parecía el fruto de una soberbia extraña superponer el mundo que se quería sobre el que era en realidad. Se diría que en el mundo latino el contraste entre las ciencias sociales y las de la naturaleza es particularmente marcado. A los físicos se les exige que en función de las leyes conocidas que rigen los movimientos de los astros puedan predecir su trayectoria con exactitud milimétrica. Nadie pretende que la física y la astronomía sirvan para configurar el universo de otra manera, y que puedan suprimirse uno o dos planetas si sobran o no cuajan en el nuevo diseño. En las ciencias sociales, en cambio, muchas de las discusiones incesantes no son tanto el resultado de cuestionar los principios básicos del oficio como de querer imponer en el mundo concreto la concepción supuestamente correcta de lo que debería ser.

El debate económico ha sido siempre el paradigma de esa contradicción. En lugar de limitarse a detectar en qué medida la realidad refleja los postulados de una economía de mercado y de una economía intervenida, se ha eternizado el debate para demostrar que el modelo teórico de la economía de mercado maximizaba los recursos. En lugar de mejorar el instrumental para manipular la economía real, se ha decidido que el juego económico llamado de mercado es el mejor de todos los juegos. Se ha asumido que produce las mayores cotas de bienestar imaginables y que, en el mejor de los casos, los juegos económicos alternativos sólo podrían igualarlo y nunca mejorarlo. Como resultado, los economistas se sienten legitimados para recomendar la economía de mercado a sus conciudadanos y aconsejan que se acomoden a ella los juegos económicos existentes en la realidad concreta. Fuera del campo de las disciplinas sociales sería arriesgado aventurar tesis similares.

En el primer curso de Derecho en la Universidad de Madrid, en 1952, se habían matriculado más de mil quinientos alumnos, de los que sólo media docena eran militantes de la oposición al franquismo, en su mayoría del Partido Comunista de España. Era lógico que así fuera. Después de todo, Madrid era una ciudad bonita, llena de bulevares arbolados. El régimen político había hecho serios esfuerzos para reconstruir la ciudad universitaria y dar cobijo, en los nuevos colegios mayores, a una juventud estudiosa que dejaba, en las provincias, familias acomodadas al franquismo o familias modestas atribuladas por la lucha cotidiana que depositaban en la carrera del hijo todas sus esperanzas de futuro.

Cada estudiante de las clases populares de aquellos años era la personificación de un pacto tribal: el sacrificio desproporcionado de la familia para poder financiar los estudios en la capital de España inhibía a la juventud para cualquier actividad de tipo político que fuera obstáculo para amortizar con un título universitario la deuda contraída. El recuerdo del calvario sufrido por las clases modestas paralizaba a los estudiantes, a quienes el rechazo visceral hacia las situaciones injustas y el abuso de poder habría conducido a la acción política. La inmensa mayoría eran representantes de una España aclimatada ya al nuevo estilo del Régimen, que iba a conseguir su primer gran reconocimiento oficial por las grandes potencias con la firma del tratado con Estados Unidos en 1953. Por primera vez, desde el final de la guerra civil, organizaciones humanitarias norteamericanas, como American Field Service, ofrecieron una decena de becas a estudiantes españoles para que pudieran vivir durante un año en Estados Unidos.

La llegada a North Hollywood, en el Valle de San Fernando, al lado de Los Ángeles, era la culminación de una travesía por mar, que duraba entonces una semana, y otros cinco días en un autobús Greyhound desde Nueva York a California.

A comienzos de los años cincuenta, la distancia entre Europa y Estados Unidos se agrandaba todos los días. Los becarios españoles descubrían atónitos las camisas de colores, las neveras rebosantes de leche y helados, los «haigas», Paul Anka y un sistema escolar hecho a medida de los alumnos, en lugar de los profesores.

En 1953, Estados Unidos acababa de firmar la tregua que ponía fin a la guerra de Corea. El país había enviado al otro extremo del mundo un cuarto de millón de hombres y sufrido más de treinta mil bajas. El temor repentino al comunismo exterior permitió al senador por Wisconsin Joe McCarthy explotar el temor de que las instituciones del país fueran socavadas por la subversión interna. La consiguiente búsqueda de comunistas en la Administración norteamericana fue impulsada con acusaciones descabelladas, y con ello se trastornaron gravemente o arruinaron las vidas de muchos norteamericanos eminentes.

El mismo tipo de investigaciones se llevaron a otros sectores de la sociedad, en particular a la industria cinematográfica, y de ahí que en la pequeña localidad de North Hollywood, prácticamente un arrabal de Hollywood, se respirara un ambiente ligeramente menos distendido que en el resto del país.

Así y todo, Estados Unidos era un espectáculo deslumbrante para un joven español a mediados de los años cincuenta. A pesar de McCarthy, en la biblioteca municipal de North Hollywood se podía leer el manifiesto comunista y las obras completas de Lenin si se solicitaba un permiso de la asociación de padres y profesores para sacarlo de la biblioteca. El anticomunismo no había afectado para nada el apego profundo de la sociedad norteamericana al principio de la igualdad de oportunidades.

En la High School sólo las notas establecían ligeras discriminaciones entre los alumnos. La vestimenta generalizada de un *jean* y el niki hacía muy difícil distinguir entre clases sociales. Los jóvenes no se aglutinaban en torno a familias como en Europa, sino en torno a los clubes deportivos y centros escolares. La deferencia y admiración se conquistaban con un triunfo en los torneos de béisbol o de rugby, mucho más fácilmente que con la manipulación ensimismada de un apellido ilustre. Las becas o la posibilidad de encontrar un trabajo a tiempo parcial garantizaban a todos el mismo volumen de ilusiones universitarias. Kenneth Clark decía por entonces que toda civilización requería un mínimo de prosperidad material, lo suficiente para disponer de un cierto tiempo para el ocio, confianza y dosis considerables de energía.

Estados Unidos disponía de ello. Pero por encima de todo contaba con el segundo atributo de las grandes civilizaciones: confianza en la sociedad en la que uno vive, confianza en su concepción del mundo, en sus leyes y en el poder de su inteligencia. Y si es cierto que todas las grandes civilizaciones estuvieron impulsadas por dosis considerables de energía, Estados Unidos surgía delante de los ojos atónitos de un estudiante europeo como una gran civilización.

En Europa, la falta de confianza en la capacidad modernizadora de la sociedad era patente. Y la falta de energía, vigor y vitalidad en las artes, la ciencia y la política tenían como contrapartida que nadie pudiera encarnar esas virtudes en el grado necesario para parecer —como en el viejo pasado— superior a su propia época. Estados Unidos, en cambio, estaba repleto de héroes del deporte y de la guerra como en pleno Imperio romano.

El regreso obligado a España suponía un contratiempo extremadamente doloroso. Era, obviamente, una vuelta atrás en el nivel de vida y de ilusiones que habría que intercambiar ahora por los sueños inciertos de un puesto en la marina de guerra, hacer negocios en Tánger o ser registrador de la Propiedad. La media docena de españoles diseminados por Estados Unidos que regresaban a España volvían marcados por una maldición precipitada: habían respirado —como se aspira el buen cigarrillo después de comer— el aire de una sociedad fundamentalmente democrática y habían descubierto la energía que podía generar un sueño colectivo. El choque del regreso empujó a la mayoría hacia la actividad política militante.

Durante la década de los cincuenta, la vida en Madrid de un estudiante llegado de provincias compartía, con algunos de los grandes personajes de Dostoievski, el gusto por la actividad febril de la mente que se compaginaba con la ausencia casi total de actividad muscular. Los estudiantes consumían la mayor parte de su tiempo en el Colegio Mayor. La educación física era una de las Tres

Marías —siendo las otras dos la religión y la formación política— que no habían superado nunca la fase de meros protagonistas de las chanzas y chirigotas del mundo estudiantil.

Se platicaba, se discutía en grupos reducidos en las habitaciones, se departía en grupos más numerosos en el bar de la planta baja, se peroraba durante las interminables comidas, se criticaba a los personajes singulares y los anodinos, fluían los chismes en torno a las supuestas y secretas relaciones de los colegiales con las chicas de servicio y, cuando llegaba la noche, se daban cita en el auditorio del colegio para escuchar una conferencia organizada por la Dirección de estudios sobre Zubiri, Borges o el último premio Adonais. Se rebasaba rara vez el recinto de la ciudad universitaria como no fuera para efectuar alguna incursión a El quinto toro, un bar situado en Argüelles, cuyo rastro busqué inútilmente veinte años después.

La enseñanza del Derecho giraba fundamentalmente en torno al Código de Justiniano, el Derecho Natural, el Derecho Político: «... qué haz de posibilidades de coexistencia se ofrecen a la criatura humana cuando por designios del creador...». La exposición solemne de las fuentes del Derecho en el viejo caserón de San Bernardo exigían ser complementadas con la ayuda de algún profesional amigo encargado de destilar ciertas dosis de concreción en la liturgia universitaria. Jaime vivía en la calle Tudescos. Alternaba el ejercicio de la abogacía con un puesto de funcionario en el Ministerio de Trabajo. Gracias a su antigua amistad con el médico rural de Vilaseca, donde pasaba las vacaciones de verano, pude beneficiarme de sus clases desinteresadas una vez por semana, de las comidas que su mujer preparaba los domingos y del afecto de ambos que, como un paraguas, protegía de la soledad y la nostalgia. Un día, a las tres de la madrugada, dos agentes de la Brigada político-social llamaron a su puerta y sin explicaciones se lo llevaron a la Dirección General de Seguridad.

Jaime era generoso con su familia y con sus amigos, un buen

profesional y, como correspondía a cualquier estudioso del Derecho, un demócrata. Pero jamás se le habría ocurrido, ni nunca tuvo la menor oportunidad, engarzar con los minoritarios sectores que intentaban articular una oposición política al Régimen. El motivo de la detención procedía de un mundo y de una generación para él insospechados: una tarde en que esperaba su llegada para recibir la clase semanal de Derecho Procesal, se me ocurrió utilizar su máquina de escribir para mecanografiar el ciclostil de unas octavillas que el comité clandestino de coordinación universitaria iba a distribuir la semana siguiente. La detención de los miembros del comité y mi huida al extranjero permitieron remontar fácilmente el hilo de la trama hasta la máquina de escribir, culpable del delito de expresión. Desde Ginebra supe de su detención, del susto familiar, de su posterior liberación y de que difícilmente podría saldar aquella deuda de afecto por mucho que él repitiera a amigos y familiares que el hijo del médico de Salou no tenía la culpa.

Manolo López, de Madrid, Crescente López Delmás, de Cartagena, y Florencio Martín, de Teruel, fueron los otros amigos del alma; compañeros de promoción, de la milicia o de actividades políticas fueron Jorge Semprún, Jerónimo Saavedra —ya interesado profundamente entonces por el Derecho Laboral desde una óptica cristiana—, Gregorio, Gabriel, Enrique, Teófilo —tres años de cárcel por distribuir octavillas en las puertas de la nueva Facultad de Derecho—, Emilio y muy pocos más.

Las actividades políticas de aquellos años harían sonreír, por su modestia, a los profesionales de hoy enzarzados permanentemente en discusiones profundas sobre grandes coaliciones, reformas constitucionales o sistemas defensivos. En los años cincuenta, la desproporción del riesgo con la discreción de los objetivos saltaba a la vista: distribuir un artículo sobre la reconciliación nacional, organizar un homenaje discreto a la memoria del científico, en el exilio, Duperier, una conferencia de Laín Entralgo en el paraninfo de la facultad o iniciar una recogida de firmas en favor de la amnistía de los presos y exiliados políticos.

Gregorio Marañón, Laín Entralgo y José María Pemán —«ahora está muy liberalito, vayan a verle», había dicho Marañón al estampar la primera firma en el pliego de papel de barba— encabezaban la retahíla de nombres ilustres que en el año 1958 estaban dispuestos a comprometer su prestigio en poner punto final a las secuelas de la guerra civil. Otras firmas ilustres no figuraron en aquella lista porque no dio tiempo a contactarlos, porque sacaron escaleras abajo con amenazas de delación a los que solicitaban la amnistía o, simplemente, como ocurrió con una de las primerísimas figuras de las Letras españolas, porque no entendían cómo era posible que «hijos de la burguesía fueran tan rojos, cuando su zapatero despotricaba con razón contra los comunistas».

La vida en los colegios mayores se plegaba ordenadamente a las exigencias del entorno político pero, gracias a la dedicación y compañerismo de muchos intelectuales segundones, se mantenía viva la curiosidad sobre todo en los campos de la poesía y literatura. La cima del saber y del éxito estaba representada por carreras científicas como Ingeniería de Caminos o Navalería, pero fuera del recinto de las aulas de las escuelas superiores, donde se impartían supuestamente estas enseñanzas, no había ni rastro de la preocupación por la evolución de la ciencia y de la tecnología que en otros países debió dar curso a aquellas especialidades. Los grupos folclóricos de América Latina y, en especial, de Cuba amenizaban algún que otro atardecer.

Por las noches se reanudaban los diálogos en las habitaciones o se preparaban las novatadas de la madrugada: se arrojaba a un estudiante por el hueco de la escalera desde el cuarto piso, con la esperanza de que a los cuatro cómplices, que en la planta baja habían desplegado con una manta la red de seguridad necesaria, no les fallaría el pulso por el impacto de la caída del novato. A veces, estudiantes encapuchados con sábanas y periódicos encendidos irrumpían en el sueño profundo de un estudiante de Badajoz a la una de la madrugada, y había que salir por piernas cuando los saltos de estupor sobre la cama del que se despertaba súbitamente en un horizonte en llamas eran a todas luces desproporcionados con relación a las modestas intenciones de aquellos desaguisados. El estudiante de Badajoz no logró recuperar nunca del todo su calma tras el despertar imprevisto e infernal de aquella noche.

La política para unos pocos, la vida de colegial para la mayoría y la vida sentimental para todos eran los tres planos paralelos por los que transcurría la adolescencia de un estudiante en los años cincuenta en la capital de España. De los tres planos, el sentimental era, sin lugar a dudas, el que más sobresaltos comportaba: la lucha por el amor era una carrera más llena de obstáculos y vericuetos abismales que la lucha por la libertad intuida. Las noches transcurrían con sueños agitados, en los que jóvenes esbeltas de largas cabelleras rubias y ojos azules eran las protagonistas exclusivas. Las prostitutas se hacían cargo con una generosidad y afecto singulares del desamparo sexual de aquella adolescencia. Y las novias ocasionales cerraban el triángulo vital en el que se consumía la llama de la esperanza reprimida. Hay tanto en la juventud de muerte vaga, de espera intolerable, de añoranza por otro lugar y tiempo. Por otra condición.

Capítulo 2
Desde la BBC, buenas noches, España

«*J'était assis sur un banc, avec Alfredo et Eduardo. Il faisait chaud, nous etions au soleil, le parc étendait devant nous ses gazons vallonnés. Je ne sais plus comment la conversation en est venue sur* La question; *c'est un livre qui nous concernait pratiquement.*»[*]

Jorge Semprún, *Le grand voyage*, París, 1963

A los diecinueve años también tiemblan las piernas cuando la Guardia Civil ordena, al pasar la aduana en la frontera, que se abra la maleta de doble fondo, llena de octavillas contra el régimen de Franco. Y se respira con el estómago, para que no crujan los sobres escondidos debajo de la camisa. La organización del partido en Burdeos —¿dónde estarán ahora todos aquellos camaradas?— había preparado, con la misma delicadeza que una madre prepara el bocadillo de su hijo a las siete de la mañana antes de salir al trabajo, los muñecos desenroscables a los que se había llenado la tripa de proclamas contra el Régimen.

[*] «Estábamos sentados en un banco con Alfredo y Eduardo, hacía calor, tomábamos el sol, el parque se extendía ante nuestros ojos con su césped ondulado. No me acuerdo por qué motivo empezamos a hablar de *La question*; era un libro que nos concernía directamente.»

Hegel, Marx y Engels habían explicado machaconamente que la suma de pequeños cambios cuantitativos acababa produciendo el salto cualitativo de un cambio de régimen. Y nadie discutía que aquella remesa, que se encargaba con un fuerte apretón de manos al joven estudiante de la organización de Madrid, constituía un nexo indispensable del proceso de cambio.

¿Qué resortes íntimos conferirían la energía para asumir el riesgo cierto de la cárcel y la tortura, si el guardia civil en la aduana decía de pronto: acompáñeme? Un factor de disuasión perduraba en plena acción: el recuerdo familiar, con la posibilidad de que la detención inesperada echara al cesto de los papeles el contrato de honor en virtud del cual el sacrificio tenaz del clan familiar durante la posguerra tenía como contrapartida la obtención del título universitario. Muchos de estos contratos nunca pudieron honorarse a tiempo: Manolo López, Teófilo Delgado, Francisco Conde, Juan Haro. A los veinte años es imposible compartir la opinión de Jorge Luis Borges de que es inútil acongojarse por el sufrimiento de toda la Humanidad porque el dolor no es acumulativo.

El trabajo clandestino de aquellos años culminó en un espléndido fracaso: la huelga nacional pacífica, poco antes de que entrara en vigor el Plan de estabilización de 1959.

Cuando se reside en París, y se reciben dos cartas de los camaradas de la organización de Barcelona, dos de Bilbao y de Valencia y una del pueblo extremeño de Zafra, se puede caer en el espejismo de que las masas, hartas de dictadura, están a punto de provocar el cambio cualitativo. Seguramente por ello se convocó la huelga nacional pacífica, que supuso un esfuerzo agotador para la endeble organización del partido en el interior.

En la Universidad dirigió las operaciones Jorge Semprún —Federico, para los estudiantes que tuvieron la suerte de tratarle aquellos años en Madrid—. La organización del Partido Comunista era la única que había conseguido conectar de nuevo con un sector muy minoritario pero tenaz de la juventud trabajadora y universitaria. No sólo resumía por sí sola la oposición existente, sino que además era extremadamente sosegada y conservadora. El objetivo era restañar las heridas de la guerra, reincorporar a los exiliados políticos, fomentar la reconciliación nacional e impulsar el nacimiento de una oposición burguesa, salida del seno del propio Régimen.

Los grupúsculos que hicieron su aparición en los recintos universitarios a comienzos de los años sesenta aportaban planteamientos mucho más radicales y de recurso a la violencia que el Partido Comunista había excluido de raíz, muchos años antes. En la década de los cincuenta, fue la única organización permanentemente activa frente al franquismo, la más prudente y en el campo universitario la impulsora inicial de una oposición burguesa como la Asociación Socialista Universitaria, en la que se formarían algunos de los cuadros dirigentes del partido socialista y grupos de católicos de izquierda.

Jorge Semprún había conseguido convencer al sector ridruejista, socialdemócrata, católico y del Frente de Liberación Popular para que, junto con representantes universitarios del Partido Comunista, constituyeran un comité de coordinación universitario encargado de preparar la huelga nacional pacífica. El comité de coordinación tuvo una vida tan intensa como corta y todos sus miembros terminaron en la cárcel, detenidos con las manos en la masa por la policía, en un café cercano a la Puerta del Sol. El representante de los estudiantes comunistas, gracias a una organización ligeramente más eficaz, pudo intercambiar a tiempo la cárcel por el exilio.

En la mañana del día en que se había declarado la huelga nacional la normalidad era visible, y los titulares de todos los periódicos del país pudieron pregonarlo. Los trenes, que según las últimas informaciones clandestinas no saldrían de sus estaciones, circulaban a las mediocres velocidades de siempre, a pesar de las octavillas lanzadas por centenares los días que precedieron a la convocatoria de huelga. Los tranvías cruzaban el puente de la universitaria repletos de estudiantes. Los conatos de manifestaciones obreras fueron esporádicos y reprimidos con rapidez. El país estaba en calma, consciente de que aquel intento final por una solución de ruptura democrática a la continuidad del Régimen no encajaba con las necesidades más íntimas de la población. La vía quedaba abierta para una salida tecnocrática, afianzada en la ayuda de las instituciones financieras internacionales y el súbito auge de la economía europea en los años sesenta.

«Ahora te toca acostumbrarte a la dura y larga vida del exilio», dijo Jorge Semprún, con una transcripción en la mano de las acusaciones formuladas en el juicio contra los miembros del comité de coordinación universitaria. Era 1959, París; sentados en un banco del Odeón como si se tratara de concluir las instrucciones impartidas unos meses antes, también sentados en un banco del Parque del Oeste con Manolo López (Alfredo), poco antes de su detención. El Partido no tenía suficientes recursos financieros para resolver los problemas domésticos de sus militantes y a ninguno de éstos siquiera se le hubiera ocurrido reclamarlos. El primer objetivo, pues, era buscar trabajo en el primer país de Europa en que surgiera. Y fue en Suiza.

Desde Barcelona había llegado también a Ginebra el estudiante de arquitectura Ricardo Bofill, que tenía entonces como primer amor italiano a Paola. El plan de estabilización batía todos los paroxismos del ajuste, y decenas de millares de trabajadores españoles desembocaron de pronto en Ginebra, con maletas y bultos improbables buscando trabajo. En cuestión de dos meses —y en contra de los consejos de los exiliados de la primera generación, que temían hipotecar de nuevo y en puertas de la vejez su vida agitada— quedó constituida una de las organizaciones más numerosas y cohesionadas del extranjero. Tras varias idas y venidas entre Ginebra y París se consiguió que el Comité central tomara el suficiente interés por la nueva y joven organización de

Ginebra para enviar un delegado que explicara la política del Partido con relación a los sectores católicos. Teresa Azcárate, que probablemente pertenecía a la aristocracia republicana española, explicó con el mismo talante estalinista de antaño la necesidad imperiosa que tenía el Partido de abrirse a otras corrientes ideológicas, y no sólo de aceptar, sino de estimular la militancia de creyentes.

—Si los curas pueden entrar en el Partido, yo me apeo del burro —dijo un trabajador gaditano recién incorporado.

—Pues ya te puedes ir apeando.

Es paradójico que los partidos políticos en torno a los cuales se ha catapultado, primero, y aceptado, después, la democratización en España constituyeran desde el inicio un reducto impenetrable para los comportamientos democráticos. Y si hay alguna esfera de la vida española en la que todavía hoy no impera la Constitución son las organizaciones de los partidos políticos. El poder a nivel local no surge ni de la confrontación de las ideas ni de la habilidad para anticipar el futuro o someter el pasado a una crítica racional. El poder organizativo a nivel local suele estar en manos de aquellos que gracias a sus capacidades de manipulación de trabajos, prebendas, promesas o el simple chantaje pueden movilizar en un momento dado a su favor el mayor número de carnés del Partido. Las elecciones internas constituyen un proceso despiadado, en las que la suerte está echada de antemano y resultan irrelevantes los poderes de convicción basados en criterios o matices ideológicos. El grado de dedicación a la confección sistemática de listas de buenos y malos, de discusiones procedimentales en los comités provinciales, la entrega absoluta a la confección de fichas y comunicados son el factor decisivo que garantiza el poder político a nivel local. Cada mujer y hombre militantes del Partido quedan encasillados en colectivos estructurados en función de intereses concretos o preferencias personales.

Todo lo que está fuera del Partido es un mundo ajeno que sólo cobra cuerpo y vida cuando con motivo de las elecciones hay que conquistar su voto en la calle.

En Cataluña sobrevivió mil contiendas un conocido presidente de partido a quienes todos reconocían el gran mérito de haber accedido a su cargo porque siempre había sido el último en levantarse de las reuniones. Del comité local o provincial pasaba a la habitación contigua para comunicar a la prensa su concepción particular del mundo. La vida política española está todavía plagada de políticos que, a fuerza de conocer cada vez más las entrañas de su propio partido, llegan a no saber nada del mundo que les rodea y con el que sólo se comunican a través de un teletipo.

El sistema electoral de listas bloqueadas, elegido al iniciarse la Transición para reforzar las debilitadas estructuras de los partidos políticos, exacerba todavía más la tendencia de la clase política al aislamiento y consiguiente desengaño de los ciudadanos, a quienes se les ha reducido el contenido de la democracia a votar por dos o tres etiquetas cada cuatro años. Se arguye que, sistemas electorales más abiertos orientados a ampliar los márgenes de libertad de los ciudadanos para que puedan elegir a su propio diputado o, cuando menos, explicitar el rechazo parcial generado por una lista determinada, conduciría inevitablemente a la italianización de la política española y a la resurrección del viejo clientelismo político.

El sistema de listas cerradas sancionado en el período de la Transición es el sistema más inflexible y que menos libertad de elección ofrece al ciudadano en términos políticos. De hecho, la imposibilidad de manifestar de manera parcial siquiera el rechazo hacia determinadas políticas o personalidades de su propio partido obligan a traicionarle votando al partido contrario para manifestar su descontento. De ahí las acusadas oscilaciones que muestran los resultados electorales en países como España.

Para que la vida democrática permeabilice a la sociedad española, será indispensable que la Constitución penetre también en las antesalas de los partidos políticos objetivando sus normas de financiación, respetando los derechos de las minorías, incrementando el papel decisorio en las cuestiones fundamentales de los colectivos afines vinculados al partido por su voto y no sólo por su militancia. Y será preciso devolver al ciudadano unos márgenes de libertad que ahora absorben en su totalidad las oligarquías centrales. La organización interna de los partidos políticos no garantizan siquiera la participación de los responsables locales y regionales en la estrategia política que se define exclusivamente en los organismos nacionales. Existe un pacto implícito en virtud del cual los organismos locales son responsables de aglutinar un colectivo mayoritario de votos en los congresos del partido y la dirección nacional es la que fija la estrategia electoral y política. Nada de esto es el reflejo, ni siquiera lejano, ni está en consonancia con los acontecimientos vertiginosos que las nuevas tecnologías de la información y comunicaciones están protagonizando. Es más, el grado de participación ciudadana en los asuntos públicos que las nuevas tecnologías están impulsando es incompatible con los arcaicos mecanismos de difusión del conocimiento y participación inherentes a los actuales esquemas partidistas.

En España no se ha tenido en cuenta un principio básico puesto repetidamente de manifiesto por la experiencia parlamentaria de los países democráticos: el derecho electoral determina de modo decisivo la funcionalidad del sistema parlamentario de Gobierno. El decreto de 1977, convertido sustancialmente en la Ley electoral de 1984, está vaciando la posibilidad que los españoles tienen de experimentar en la práctica la democracia durante tantos años esperada.

Bajo las apariencias de un sistema proporcional se está encubriendo un sistema casi mayoritario, como consecuencia de la adopción de la provincia como circunscripción y desperdiciando con ello la ocasión de que el sistema electoral se convierta en un factor de familiarización creciente, con los comportamientos y actitudes democráticas en un país al que la historia no le ha prodigado este tipo de experiencias.

El problema no yace —al contrario de lo que se ha dicho a menudo— en la aplicación de la regla D'Hondt, mero procedimiento de cálculo, sino en la dimensión media de las circunscripciones que penalizan excesivamente a los partidos de tipo medio y deja sin representación, voz y voto a centenares de miles de españoles. Se trata de un problema de geometría de escaños y no de reglas de distribución, cuya única solución —para subsanar los profundos vicios de representatividad— consistiría en convertir a las comunidades autónomas en circunscripciones mediante la necesaria reforma constitucional.

Pero la falta de representatividad inherente a los resultados condicionados por el actual derecho electoral no es más que uno de sus aspectos negativos. Hay otros que oscurecen el funcionamiento democrático en mayor medida, porque afectan a la esencia misma del mercado político, sobredimensionan el poder conferido a las oligarquías de los partidos y alejan irremediablemente a los ciudadanos del ejercicio real de la democracia a la hora de elegir a sus representantes. Ningún sistema electoral está a salvo de las distorsiones provocadas por los abusos de poder cometidos por los líderes sin escrúpulos, o los aparatos de los partidos excesivamente empeñados en la supervivencia de las propias burocracias internas. Ahora bien, el sistema electoral que mejor se adaptaría a las circunstancias específicas de la historia reciente de España y al comportamiento de los españoles sería un modelo de «elección proporcional personalizada» similar al que existe en la República Federal de Alemania. Este sistema combina el principio decisorio de la elección mayoritaria, con el modelo representativo de la elección proporcional. Desde la reforma de la Ley electoral de 1953, cada elector dispone de dos votos: uno para la elección directa de un escaño en las circunscripciones por mayoría relativa, y un segundo para votar por una lista cerrada y bloqueada de partido a escala federal.

Aplicando al caso de España una de las variantes de la elección proporcional personalizada, se daría justa satisfacción a las ansias —hoy todavía no satisfechas— de los españoles de poder elegir a «sus» representantes, tras cuarenta años de no poder hacerlo, en lugar de unas siglas de partido. A éstos, sin embargo, el sistema les permitiría seguir reforzando las débiles estructuras heredadas de la etapa política anterior, mediante la utilización de listas cerradas y bloqueadas. El sistema contaría entonces con un elemento de concurrencia entre los comportamientos vinculados al atractivo y valía personal, por una parte, y los dimanantes de la defensa igualmente necesaria del poder de los partidos políticos; en definitiva, se habría abierto un esquema que actualmente está cerrado sobre sí mismo, se rompería el monopolio político ejercido por las burocracias internas de los partidos, los ciudadanos recuperarían el derecho, al que jamás debieron haber renunciado, de que fuesen ellos —y no las cúpulas de los partidos políticos exclusivamente— quienes eligieran a sus representantes, y todo ello preservando en mayor medida que ahora los criterios de proporcionalidad.

Las personas que han sufrido largos años de exilio adquieren inevitablemente un cierto aire distraído y mirar ausente, resultado de haberse acostumbrado a vivir en medio de muchedumbres extranjeras a las que, por razones lingüísticas, resultaba imposible entender en su totalidad el murmullo confuso de sus palabras. A fuerza de no comprender enteramente lo que dice la gente alrededor, se termina por preferir la abstracción y el ensimismamiento. El dominio gradual del nuevo idioma va eliminando sombras importantes del discurso colectivo, pero para entonces están ya enraizados los reflejos solitarios y siempre son estremecedoras las zonas oscurecidas del lenguaje.

El retorno al país consiste en entender, de pronto, todo lo que la gente dice. Y tras dieciséis años de ausencia, se tiene la impresión de que los poros de la piel se hacen oídos para que las venas resuenen con el entrechocar de miles de palabras que tienen, todas, un perfil determinado: un sentido matemáticamente preciso.

Es cierto que la historia de tres siglos de nación-Estado transformó a las mujeres y hombres de Europa en seres indefensos más allá de sus fronteras. Durante el esplendor de los siglos góticos, ningún ciudadano de la Europa medieval habría podido contestar con firmeza si le hubieran requerido a qué país pertenecía; tendría, a lo sumo, una cierta conciencia de la identidad de su arzobispado. El gran poder de la Iglesia universal había internacionalizado todos los confines del Viejo Continente. Dos siglos más tarde, en pleno Renacimiento, Erasmo de Rotterdam se asentaba sin dificultad alguna en Oxford y Cambridge; congeniaba con Tomás Moro, discutiendo largamente sobre su *Utopía*; su vida de internacionalista fluía luego por las nuevas imprentas de Roma sin que ninguna barrera lingüística le impidiera comentar los trabajos de Michelangelo en el techo de la Capilla Sixtina.

Resulta estremecedor pensar hasta qué punto los grandes Estados nacionales sicilianizaron a sus mujeres y hombres cuyo sentido nacionalista crecía en proporción a su sentimiento de fragilidad e indefensión más allá de las fronteras.

Los grandes impulsos civilizadores sólo se han producido en contextos netamente internacionalistas. Y la tarea más urgente para España en los próximos años no consiste en elegir entre una sociedad planificada o una sociedad que funcione de acuerdo con los principios de la economía de mercado. Las obsesiones ideológicas han conducido a los españoles al callejón sin salida de un debate estéril. La verdadera alternativa de la que depende el futuro del país en los próximos años es saber si se querrá continuar por la vía de evitar el concepto global de producción o, por el contrario, reinsertarse definitivamente en la competencia internacional.

El desamparo impuesto por los últimos siglos y por la violencia al exiliado lo he visto reflejado en la mirada atónita de un dependiente de unos grandes almacenes de Madrid, al contemplar con ojos incrédulos las tribulaciones del cliente que no había perdido su acento de Vallecas, pero que obviamente no se aclaraba con las monedas divisionarias de la España nueva. Vaya por delante mi modesta solidaridad con aquellos a quienes el sino de la vida ha sometido a estos traumas cotidianos, casi callejeros. Con ellos y, en modo alguno, con los exiliados de salón que fueron y volvieron el mismo día de Múnich con un billete de avión. La España oficial, sin embargo, ha preferido siempre honrar a los manipuladores de las emociones colectivas y olvidar lo que el exilio ha supuesto para centenares de miles de españoles, dejando en el desamparo espiritual y físico a sus hijos convulsionados por la contradicción del mito ingenuo, el poder y la miseria. Las hipotecas y melancolías del exilio se prolongan —como una alteración cromosomática— sobre varias generaciones. Los hijos de Evelyn, Teresa, María y tantos otros tienen su concepción del mundo y hasta su estatura condicionada por la sentencia de expulsión que, gratuita e injustamente, recayó un día sobre sus progenitores o los progenitores de sus progenitores.

Las canciones de emigrantes fueron siempre escritas en los primerísimos meses y años de iniciarse el exilio. Constituye éste un período en el que el recuerdo de la patria alimenta la nostalgia y la tristeza. Se mira todos los días el correo para ver si llega una carta de España y todas las mañanas se explora febrilmente la prensa extranjera para constatar el poco interés que aquel país lejano levanta entre los comentaristas locales.

A medida que van disminuyendo las visitas ocasionales de familiares o amigos procedentes del interior, que adelgazan las cartas y que no queda ya ni rastro de España en la prensa local, la nostalgia da curso a un cierto resquemor contra la ignorancia política y lacras educativas de un país que durante siglos se ha empeñado en fabricar exiliados como si fueran un componente vital del Producto Nacional Bruto. Paulatinamente, el sentimiento de víctima de una situación injusta se transforma en aversión hacia el país emisor, lo que permite, al fin, la integración en el nuevo escenario geográfico. Este sentimiento se prolonga hasta el momento en que los hijos están a punto de completar la educación secundaria.

Y algunos vuelven.

A fines de los años cincuenta, en la Ciudad Universitaria de París formaban una peña de amigos pintores valencianos como Eusebio Sempere, Salvador Victoria y Doro Balaguer —su dirección postal en España era «calle de la Sangre»—, el autor de teatro Arrabal, que ya lucía su barba y aires de provocador, un delicadísimo violinista gallego, el escultor Juan Haro, ya obsesionado por arrancar a las piedras más duras la fuerza de maternidades disparatadas, y otros a quienes el paso del tiempo ha forzado hacia el subsconsciente impenetrable.

Todos parecían aterrizar milagrosamente de pie en París o Londres, despedidos por la fuerza centrífuga al tomar España, a velocidades excesivas, una de las numerosas curvas que jalonan su historia.

La búsqueda de trabajo en una Europa que no había iniciado aún su gran expansión de los años sesenta era una carrera contrarreloj mortificante. Se estaba dispuesto a hacer de todo a cualquier precio y no se encontraba nada. Sempere, primero, y Abel Martín, después, aseguraron su supervivencia vendiendo tarjetas navideñas meticulosamente reproducidas mediante la serigrafía; se daba clase de literatura española a minusválidos franceses en el instituto de Pontoise, a treinta kilómetros de París; se cosían prendas a destajo; se podían limpiar los cristales de la residencia que para estudiantes norteamericanos mantenía en la ciudad universitaria la embajada de Estados Unidos; se aprendía a hacer tornillos, en pequeños talleres de las afueras de París, en tornos con los que se debatían también trabajadores argelinos. La llegada de América de las primeras máquinas de fotografiar Polaroid había suscitado la constitución de pequeñas bandas mafiosas que, gracias a los estudiantes y parados, sacaban dinero a las parejas llegadas de provincias en las terrazas del aeropuerto de Orly para ver despegar los aviones. Leo, que procedía de Valladolid, bautizó con el nombre de Eduardo a su primer hijo, para corresponder a las gestiones realizadas con la ayuda del sindicato estudiantil UNEF y que desembocaron en la oferta de un trabajo estable: matar ratas en las cloacas de París. La agotadora e interminable búsqueda de un trabajo que sirviera de medio sustento.

Un cuarto de siglo después, siguen siendo abundantes y vigentes las razones para considerar ilegítimos a los gobiernos de derechas o izquierdas que, en aras del ajuste, proponen conscientemente reducir la demanda global aumentando el número de parados. No es tolerable la humillación abyecta impuesta a millones de mujeres y hombres a quienes se engaña con una mano ofreciéndoles todo tipo de instituciones y centros benefactores, mientras que con la otra se reduce cínicamente el número de puestos disponibles. Con la utilización exacerbada de medidas fiscales y monetarias para recuperar los equilibrios financieros se aprieta y retuerce la economía hasta que pierden pie los ciudadanos alojados en los nichos más expuestos. La crisis económica ha puesto de manifiesto la incapacidad para distribuir equitativamente las cargas y beneficios de los cambios estructurales. Enfrentados con la dura realidad de tomar decisiones que discriminan contra unos ciudadanos y favorecen a otros, los gobiernos constatan su impotencia y dejan que las opciones técnicas aparentemente neutrales y complejas impongan la ley del más fuerte.

La búsqueda de trabajo tomaba formas variables pero respondía siempre a los mismos condicionamientos. Cabezón —«¿Qué pasa?», solía contestar automáticamente cuando daba cuenta de su nombre— desembarcó en Londres para alquilar su voz de bajo en los programas que la BBC de Londres transmitía en lengua española. Un intento de huelga por parte de los comerciantes de pescado de una provincia gallega había provocado una reacción desorbitada de los órganos locales de la seguridad del Estado. En el curso de los numerosos registros efectuados en domicilios particulares, Cabezón no supo o no pudo convencer a sus interlocutores de que la cinta grabada con un discurso de Dolores Ibárruri, transmitido por Radio Pirenaica, era un simple e inofensivo pasatiempo de la soledad de la vida gallega a partir de la medianoche. El interrogatorio que siguió quebró definitivamente su confianza en el entorno local y, como tantos otros, decidió poner agua de por medio a la primera oportunidad.

Alfonso Rubén había llegado a Londres procedente de una provincia castellana, en donde tenía un empleo reconocido en la radio local gracias a su excelente voz y clara dicción. El jefe de informativos le asignó una mañana el magnetófono de hilo para grabar el acto de la inauguración de un grupo de viviendas protegidas por las máximas autoridades civiles y militares. Tras el himno nacional, y efectuados los gritos de rigor, Alfonso Rubén solicitó con el micrófono en la mano unas palabras de la primera autoridad para sus radioyentes. «¿Me ha tomado usted por un payaso? ¡Que lo arresten!», cayó fulminante la respuesta. Quién iba a decir entonces que, veinte años después de aquella época heroica, la clase dirigente, lejos de incriminar a sus entrevistadores potenciales, los iba a requerir sistemática y tenazmente cada vez que surgía una oportunidad de exponer —en el sentido literal de la palabra— su perfil y filosofía de plataforma de tranvía.

La concomitancia de situaciones singulares, cuando no disparatadas, que en el interior del país eran las contadísimas excepciones que confirmaban la regla de un nuevo equilibrio encontrado poco a poco, daban, al sumarse en el exilio, una visión paranoica de España. *Les exilés ont toujours tort*, porque la suya es una España hecha a retazos de emociones dispersas, arrancadas al pulso colectivo en circunstancias inesperadas. Su verdad es real sólo para ellos mismos, mientras el grueso de las sensibilidades y emociones del país fluye serenamente por otros cauces.

Pocos o ninguno de los españoles que vivieron obsesionados

por el recuerdo de España en el exilio han ocupado, después de la muerte de Franco, puestos de relevancia en los gobiernos de la nación o en el entramado administrativo. Con la posible excepción de Tarradellas, se han resignado a concluir su peripecia histórica donde había comenzado, poniendo en orden sus recuerdos y contemplando con una sonrisa en los labios cómo otros con horizontes más recientes usufructuaban las aspiraciones colectivas.

Juan José Espinosa San Martín fue ministro de Hacienda del general Franco a mediados de los años sesenta. Salou, donde solía pasar sus vacaciones de verano con su mujer, afectada irremediablemente por una parálisis, y rodeados del afecto de su numerosa prole, contaba entonces con algo menos de cuatrocientos habitantes. Tradicionalmente, los hijos herederos del en aquellos tiempos término municipal de Vilaseca de Solcina y Salou se quedaban con las mejores tierras del interior, fértiles en avellanas, algarrobos, olivos, y algunos trozos de huerta. Las tierras arenosas del litoral en el municipio agregado de Salou se asignaban invariablemente a los hijos segundones, cuyo carácter díscolo, perezoso e irresponsable contrastaba siempre con la seriedad y tesón del *hereu*.

Durante siglos, las ciencias del comportamiento atribuyeron al azar estas diferencias genéticas y hubo que esperar a que los primeros y contados sociólogos que salían de las recién estrenadas facultades explicaran el juego delicado de los incentivos económicos y de su incidencia en la conducta humana para esclarecer el misterio. Sea por el azar o por los mecanismos inducidos por los incentivos económicos, el hecho es que, en la década de los sesenta, los hijos segundones de Salou, enfrentados con las plusvalías repentinas de sus propiedades estériles, sufrieron una transmutación de su carácter, que les convirtió en personas tan serias y honorables como sus hermanos mayores. Y más ricos.

Los efectos económicos de esta irrupción repentina de la riqueza en los estratos sociológicos más inesperados tuvo repercusiones incalculables. Los sectores productivos que habían aprendido a trabajar en función del largo plazo, a contar exclusivamente su propio esfuerzo innovador y con la reinversión de niveles moderados de beneficios, quedaron marginados de las nuevas corrientes dinerarias. Los sectores más inexperimentados, los que nunca creyeron en el largo plazo y a los que la contingencia del desarrollismo súbito acostumbró a niveles repentinos y extraordinarios de beneficios, iban a protagonizar los primeros procesos serios de acumulación del capital y, por tanto, del desarrollo industrial en ciernes. Muchas de las carencias de los gestores empresariales que aflorarían en la década de los setenta encontraban su raíz en la sustitución de papeles y protagonistas ocurrida en la década de los sesenta.

La familia de Espinosa San Martín no ponía nunca ningún reparo en rendir desinteresadamente todos aquellos pequeños favores con que los locales acosan a los personajes bien relacionados: una recomendación para conseguir una beca en la Universidad Laboral, el ingreso en el Conservatorio de Música de Barcelona, una plaza en el colegio mayor de Madrid, un traslado a Tarragona para el hijo que está haciendo la mili, una buena familia para la *filla de la Quimeta* y, además, que hablara con Nieto Antúnez, a la sazón ministro de Marina, para que le arreglaran los papeles al hijo del médico rural, que llevaba más de ocho años en Londres sin poder regresar a España.

En 1966, el resto de Europa y los españoles que allí residían tenían que rendirse a la evidencia de que el régimen de Franco no había sido obstáculo para que el país acometiera un desarrollo económico sin precedentes. En menos de una década, los españoles contemplaban asombrados el espectáculo milagroso de la multiplicación de los panes y peces ayudados por las virtudes de su imaginación, disciplina y laboriosidad que la historia reciente les había inoculado.

Las mejoras radicales en los niveles de vida y bienestar disiparon rápidamente muchos de los recelos que las clases dirigentes habían mantenido hasta entonces con las personas o acontecimientos que no se habían vinculado directamente a la historia del Régimen. Y España volvía, gradualmente, a ser generosa con sus escarmentados súbditos: el ministro López Bravo se ofreció, en el curso de un viaje a Londres, a reintegrar a Cabezón al escenario del que jamás debería haber salido. El ejército acogía con delicadeza y respeto por sus creencias dispares a un número creciente de díscolos desgajados de la gran corriente subterránea de los heterodoxos españoles, y el ministro Fraga planteaba la liberalización de las propias estructuras políticas e informativas en que se había asentado el Régimen.

En Telefónica, Antonio Barrera de Irimo estaba revolucionando, con la ayuda de tecnócratas brillantes, los métodos de gestión. Hasta entonces, la oferta de servicios telefónicos se había efectuado en función de la llamada «teoría de las colas». Se abrían nuevas centrales y líneas donde más largas eran las listas de peticionarios, al margen de consideraciones económicas, como el potencial de desarrollo previsible, valoraciones de solares o armonía global de la red. Tal vez por primera vez desde la guerra civil, una gran empresa española estaba decidida a montar un servicio de planificación estratégica para que el futuro, y no el día a día, condicionara los resortes de crecimiento y distribución geográfica de los activos. La idea era de José Vilarasau, que, en aquellos momentos, probablemente conocía mejor los secretos de la historia de la política monetaria que la de las redes telefónicas. En todo caso —al ofrecerme la dirección del Servicio de Planificación a mi regreso de Londres—, me sorprendió su conocimiento minucioso de los mecanismos de ajuste en el régimen del patrón oro.

En la literatura anglosajona sobre el período 1924-1931 abunda la idea de que la política monetaria francesa fue responsable, en gran parte, de que Gran Bretaña abandonara el patrón oro en 1931.

El llamado informe McMillan había afirmado claramente que los desórdenes monetarios ocurridos en diversos países europeos y las subsiguientes estabilizaciones de divisas, a niveles que suponían ventajas temporales para los exportadores de dichos países, implicaron serios obstáculos para el desarrollo de Gran Bretaña, y los autores del informe acusaban explícitamente a países como Francia, Bélgica y Alemania.

El propio profesor Sayers —historiador oficial del Banco de Inglaterra— no escondía que, a su juicio, el factor decisivo del abandono del patrón oro no fue tanto la sobrevaloración de la libra esterlina, sino la subvaloración de los francos belgas y franceses. Para quienquiera que haya leído atentamente el *Diario* del gobernador del Banco de Francia en aquel entonces, Émile Moreau, resulta obvio que los franceses estabilizaron el franco, deliberadamente, a un nivel que consolidaba las ventajas adquiridas por sus sectores de exportación. Unido al resurgir alemán, estos dos acontecimientos plantearon a la Gran Bretaña un segundo problema de ajuste.

José Vilarasau conocía con detalle inesperado la historia de la política monetaria entre las dos guerras. Lo cierto es que las relaciones monetarias entre Francia y Gran Bretaña a lo largo de los siglos XIX y XX están llenas de enseñanzas para el estudioso de la ciencia económica. Siempre se consideró que hacia 1914 los efectos adversos de las tendencias económicas a largo plazo se hacían sentir en Inglaterra en mayor grado que en Francia. A grandes rasgos se razonaba en los siguientes términos: la supremacía industrial británica se había basado en su privilegiada situación como suministradora de tres productos esenciales a la industria del siglo XIX: carbón, hierro y textiles; poco antes de la primera guerra mundial, la industria textil debía soportar ya la competencia de países jóvenes como la India; al carbón le acechaba la rivalidad de nuevas fuentes de energía —hidroeléctrica y petróleo—, y al acero, nuevos metales ligeros. Estos desarrollos afectaban, en menor medida, a las exportaciones francesas, debido al predominio de bienes de lujo, semilujo y turismo; además, las exportaciones representaban un 18 por ciento de la renta nacional, mientras que en Gran Bretaña el coeficiente era de un 25 por ciento.

Si se aceptara por entero este razonamiento, resultaría que las diferencias en las estructuras comerciales —a las que no afectaban, en el caso de Francia, los cambios tecnológicos a largo plazo— contribuyeron a colocar en situación desventajosa a los exportadores ingleses; el tipo de cambio del franco tendría, entonces, un valor relativo y secundario.

Lo cierto es, sin embargo, que no es fácil contrastar tan nítidamente las situaciones respectivas de los dos países. Desde comienzos de siglo, la creciente necesidad de exportar más y más para adquirir un volumen dado de importaciones caracterizó a los dos por igual; y cuando se considera el renglón de las exportaciones de capital, la balanza se equilibra a favor de Gran Bretaña. Los dos países eran entonces los principales acreedores, con un total de cuatro mil millones de libras esterlinas de exportaciones netas de capital, y unos treinta mil millones de francos, respectivamente: en términos relativos, un 25 y un 15 por ciento de la riqueza nacional.

La desventaja relativa por parte francesa se debía a dos motivos: menores beneficios y pérdidas en capital de mayor cuantía a partir de 1914, debido a una distribución geográfica de sus préstamos menos racional. Los préstamos a gobiernos representaban, en el caso de Gran Bretaña, un 25 por ciento del total de las inversiones en el extranjero, mientras Francia había invertido un 40 por ciento en Rusia y Egipto únicamente. Hasta 1870, también Gran Bretaña había efectuado numerosos préstamos a diversos gobiernos europeos, utilizando así el dinero para financiar extravagancias personales, déficit presupuestarios, guerras o la construcción de ferrocarriles estratégicos. En realidad, las inversiones británicas en el extranjero fueron hasta 1870 —pero sólo hasta esa fecha— parecidas a las francesas para todo el período que va hasta 1914. Como es lógico, estas diferencias implicaron mayores pérdidas en capital para Francia con ocasión de la guerra o de desórdenes políticos.

Por añadidura, la correlación teórica entre exportaciones de capital y mercancías apenas si se manifestó en el caso de Francia, y esto a pesar de que los préstamos se hacían a menudo a condición de que se invirtieran en compras de material francés o se cumplieran, a cambio, requisitos de tipo comercial o político.

El condicionamiento legal entre exportaciones de capital y mercancías era menos manifiesto en Gran Bretaña. Oficialmente regía la no intromisión. El ministro de Asuntos Exteriores había, por ejemplo, declarado en la Cámara: «Los financieros ingleses dirigen sus negocios al margen de la política; es verdad que, a veces, ciertos préstamos revisten un cierto carácter político pero, en general, se trata de asuntos en los que no interviene el Ministerio.» Y, no obstante, a pesar de la disparidad de las actitudes oficiales, la correlación entre exportaciones de capital y mercancías fue mucho mayor en Gran Bretaña que en Francia. En parte, este fenómeno fue el responsable de la tendencia a largo plazo al equilibrio de la balanza de pagos británica. La explicación radica, por supuesto, en que Francia no estaba en condiciones de ofrecer los bienes que requerían los prestatarios.

La identidad de puntos de vista sobre los mecanismos de ajuste del patrón oro coadyuvó, con toda certeza, a que José Vilarasau me ofreciera en firme planificar el desarrollo de las telecomunicaciones. Pero, como me enseñaría unos años después la experiencia del Banco Hispano Americano, impulsar un cambio en las líneas de tendencia de las grandes corporaciones es algo parecido a pretender con la ayuda de las manos completar la maniobra de amarre de un trasatlántico. La creación del Servicio de Planificación Estratégica se aplazó temporalmente y a los pocos días me encontré trabajando en la Dirección Financiera de Renfe, que estaba en aquel entonces enzarzada en la puesta en pie de un plan de modernización con la ayuda del Banco Mundial.

—No sé nada de ferrocarriles. Sólo he estudiado Economía Monetaria —le dije al nuevo director financiero, Alberto Oliart.

—Nadie le pide que haga andar los trenes. Se trata de financiarlos.

De hecho, me dediqué sobre todo a defender, ante la Secretaría General Técnica del Ministerio de Hacienda, la desgravación fiscal del gasóleo, utilizado por Renfe a la luz de los resultados obtenidos en unas pruebas efectuadas en Canadá, y que demostraban fehacientemente que el uso de las infraestructuras estaba directamente relacionado con el peso de los vehículos de transporte por carretera. ¿Qué tenía que ver eso con el presupuesto financiero de Renfe?

El argumento empezaba en Canadá para sugerir luego que la carga fiscal soportada por los medios de transporte en carretera debiera, lógicamente, ser proporcional al desgaste producido en la utilización de las infraestructuras y que, por lo tanto, los camiones de gran tonelaje —que eran los competidores directos del ferrocarril en el transporte por mercancías— debieran soportar una carga mayor con relación a los vehículos de pequeño tonelaje, de lo que era práctica común en países como España. Aun en el caso hipotético de que el transporte por carretera en su conjunto soportara una fiscalidad más que adecuada para financiar las obras de infraestructura de carreteras, siempre se daba la coincidencia de que, en el seno de ese colectivo, los vehículos de menor tamaño sufragaban fiscalmente a los competidores del ferrocarril.

La justificación del gravamen sobre el gasóleo arrancaba de la necesidad de financiar las infraestructuras que utilizaban los medios de transporte por carretera, en cuyos precios no figuraba, por supuesto, la amortización de las redes viarias propiedad del Estado. El ferrocarril, en cambio, debía encajar en sus tarifas la componente del coste de amortización de sus propias infraestructuras y, para colmo de males, soportar la carga fiscal aneja a la utilización del gasóleo destinada a financiar la construcción y mejora de las carreteras en beneficio de sus competidores directos, los camiones de gran tonelaje.

No era fácil rebatir el argumento en favor de la desgravación del gasóleo de Renfe desde un punto de vista estrictamente económico y hasta la lógica del ciudadano corriente. Pero la burocracia administrativa tenía sus propias razones y es de suponer que la presión del *lobby* de los transportistas por carretera seguirá condenando durante muchos años a una vida escuálida y sin pretensiones a un medio como el ferrocarril, perfectamente sintonizado con las nuevas tendencias de la tecnología y más idóneo que cualquier otro para mejorar la calidad de vida de los ciudadanos.

Todo se confabulaba para la vocación de un buen ferroviario; bastaba mencionar esta procedencia para sentirse en casa en cualquiera de las miles de cantinas desperdigadas por las estaciones de ferrocarril de España. El centenar de miles de empleados sobre los que se iba a ejercitar el primer experimento de reconversión industrial se consideraban miembros de una gran familia en la que no era extraño ser nieto de ferroviarios. Abundaban los buenos profesionales curtidos durante décadas en el manejo de un material anticuado al que se le tensaban al máximo sus resortes de potencia residual. Renfe todavía era entonces una empresa en la acepción más moderna de la palabra: un proyecto colectivo que pervivía gracias a la capacidad de movilización de los recursos humanos y a su facultad de inventiva. Las técnicas modernas del control de costes y la contabilidad analítica no habían causado aún los estragos que acarrea fijar como objetivo prioritario el control meticuloso de los costes en lugar de la capacidad de innovación. Fue mi primera experiencia seria con los mecanismos de gestión empresarial que la especie humana se aplica a sí misma y, desde el punto de vista técnico, uno de los contadísimos casos de reconversión industrial que el entramado productivo en España encajó de manera ordenada, conforme a planes previamente establecidos y adelantándose en muchos años a su propia época.

El trabajo en Renfe debía compaginarlo con el final del período reglamentario del Servicio Militar en la Marina, interrumpido diez años antes por los avatares de la vida política. Espinosa San Martín y Nieto Antúnez habían acordado que podía cumplir el plazo reglamentario montando un pequeño gabinete de estudios económicos en la Secretaría del Ministerio, que dirigía con profesionalismo acendrado el entonces capitán de navío Liberal.

Así, después de cumplir con Renfe de ocho de la mañana a cinco de la tarde, debía hacerlo con el Ministerio de Marina de esta hora a las nueve de la noche.

Este ritmo de trabajo en la España de los sesenta era más que endiablado para un ciudadano que llegaba después de una estancia de casi ocho años en Gran Bretaña. Allí, Malcom Muggeridge ya hablaba de la necesidad de fijarse menos en la cantidad de producto generado y más en la calidad de vida; los Beatles intimaban con la realeza; en el sector industrial la nómina era siempre excesiva y en el sector de los servicios, particularmente en los *pubs*, siempre deficitaria, lo que garantizaba esperas agradabilísimas jugando a los dardos hasta que tocaba el turno de poder saborear una Guinness templada. Siempre había tiempo para un paseo en el parque de Saint James o al atardecer en Richmond. Y si por casualidad asomaba el sol, arrumbando hacia las costas la niebla, no era cuestión de perderse el insólito espectáculo de los ingleses tomando el sol como si estuvieran en un desierto de la India, paseando sus perros, rumiando sus sándwiches de lechuga, acariciando los jóvenes a sus amadas, o viceversa, e interrumpiendo, en definitiva, el ritmo normal de los procesos de producción de bienes y servicios intercambiables.

En cambio, aquí en España, la sonrisa cómplice de la cerillera en las puertas de los lavabos públicos de la plaza de la Cibeles, que sabía de la transfiguración instantánea del joven ejecutivo en cabo primero de Infantería de Marina en el recinto cerrado del servicio a sus espaldas, constituía la única estación intermedia entre el trabajo de la mañana y el de la tarde. Tal vez por ello, o tal vez porque a Suzel le costó seis meses descubrir el sencillo artefacto que permitía sacar los botones dorados de la sahariana sin necesidad de coserlos y descoserlos cada vez que se echaba en la lavadora, o tal vez por las dos cosas, lo cierto es que al cabo de doce meses justos, es decir, al día siguiente de haber cumplido el plazo reglamentario del Servicio Militar, acepté con alivio la oferta para dirigir el área de América Latina en el semanario *The Economist* de Londres. Y un día de lluvia del otoño de 1967 abandonamos por carretera los cuatro miembros de la familia, con la baca cubierta por un plástico, aquella civilización del 600, camino de un nuevo exilio, esta vez voluntario, de otros ocho años.

Capítulo 3
Escenarios lejanos

«We should reflect for a moment on the inadequacy of the answer furnished by the theory of distribution, as at present taught, to the questions in which the ordinary person is interested.»*

EDWIN CANNAN, 1905

El alargamiento de los plazos impuestos por la especialización creciente de la enseñanza es responsable de que, hasta los treinta años, los profesionales vivan hoy donde mejores facilidades de estudio encuentran. Hasta los cuarenta años, la ubicación geográfica es función, básicamente, de donde surge el trabajo. Sólo después —si llega de verdad algún día— le es posible al ciudadano moderno elegir como vivienda permanente su lugar preferido. Sólo condicionado por estas premisas, se podía renunciar a la vida en Londres, a fines de los años sesenta, por la de Washington.

Como responsable de los asuntos económicos para América Latina en *The Economist* de Londres, viajaba frecuentemente por los países iberoamericanos en busca de una explicación a sus aleatorios balances económicos. Al final de aquellos viajes, era

* «Debiéramos reflexionar un instante sobre la irrelevancia para el hombre de la calle de las respuestas que ofrece la teoría de la distribución de la riqueza tal y como se enseña en la actualidad.»

obligado contrastar las reflexiones propias con el Departamento del Hemisferio Occidental del Fondo Monetario Internacional. Por eso, Washington me era familiar antes de que me estableciera allí permanentemente, y el Fondo Monetario Internacional, una institución cada vez más atractiva desde un punto de vista profesional.

En las clases de economía monetaria que impartía Sayers en la London School of Economics a comienzos de los sesenta, todos los alumnos soñaban con poder entrar a formar parte un día del *staff* del Fondo Monetario Internacional. La oferta de ingresar en la plantilla del Fondo vino súbitamente, al final de una comida con Walter Robichek y Jorge del Canto, los dos responsables del Departamento en aquellos años, al final de un viaje que me había llevado por el Cono Sur.

Me aseguré de que el Fondo Monetario correría con los gastos del traslado por avión, del perro, un Weimaraner plateado algo agresivo, y pusimos en venta la casa de East Sheen, cerca de Richmond Park, donde cada día, a las siete de la mañana, antes de ir al trabajo, había podido contemplar durante seis años la neblina del rocío fresco surgiendo de los grandes y solitarios espacios verdes. Meses después los recordaría a menudo al contrastar su memoria con los bosques mucho más salvajes y desaliñados de Bethesda, en Washington, que un ciervo difícilmente podría traspasar.

En aquellos momentos, Washington no era una ciudad agradable; en realidad, no lo sería hasta mediados de los años setenta; flotaban en el aire, todavía, las exasperaciones y miedos cotidianos que los famosos *riots* de 1968 habían generado. La población negra había depuesto su actitud de violencia en las tiendas y moradas del viejo casco de la ciudad, pero los barrios residenciales eran ahora conscientes de nuevos e insospechados peligros.

El majestuoso Kennedy Center —centro nacional de las artes y la cultura— no estaba terminado. El miedo a los robos, tirones de bolsos y atracos nocturnos era el principal tema de conversación en los numerosos aperitivos y cenas que los funcionarios internacionales y del Gobierno Federal se intercambiaban. Washington recordaba entonces, en ciertos aspectos, la sensibilidad a flor de piel característica de París en el invierno de 1961, cuando la guerra de Argelia estaba dando los últimos coletazos en medio de explosiones continuas en las calles a partir de medianoche y manifestaciones callejeras, algunas de ellas de proporciones históricas, como la del Metro Charonne, en la que centenares de manifestantes perseguidos por la policía aplastaron contra las rejas a ocho trabajadores. Pero en Washington se intuía que aquello era pasajero y seguía incólume la confianza en su destino de gran potencia.

El resto de los países, en todo caso, eran conscientes de aquella fuerza e intentaban evitar por todos los medios el poderío económico creciente de Estados Unidos recurriendo a medidas defensivas, muy a menudo discriminatorias, en aquellos sectores en los que la competitividad de Estados Unidos se imponía de una forma avasalladora: la Comunidad Económica Europea consolidaba, mediante su política agrícola, las defensas contra la entrada de productos norteamericanos; los gobiernos de los principales países industriales subvencionaban las ventas de los aviones fabricados con tecnología nacional para resistir la nueva y alta tecnología que llegaba de Estados Unidos; las burocracias de distintos países dictaban reglamentaciones para impedir la venta de servicios de todo tipo que las multinacionales americanas estaban multiplicando sin cesar por todo el mundo. Y, por supuesto, se imponían cuotas de exportación o componentes mínimos de fabricación nacional a las inversiones americanas en el extranjero.

El Fondo Monetario Internacional era el resultado de un gran compromiso histórico entre los países deudores debilitados por la segunda guerra mundial y el gran país acreedor que iba a ser Estados Unidos. Los primeros necesitaban una institución internacional que suministrara sin condiciones los recursos necesarios para hacer frente a los desequilibrios exteriores que impondrían sus programas de recuperación y mejora de los niveles de vida. Estados Unidos, en cambio, estaba interesado en que se limitara el volumen total de la ayuda y que estuviera siempre supeditada a condiciones muy concretas que no cayeran en la tentación de escamotear los atribulados países deudores.

El Fondo Monetario Internacional ha sido —a pesar de las críticas de tipo ideológico— el mayor éxito, en términos de eficacia, de todas las instituciones internacionales nacidas en la órbita de las Naciones Unidas. A ello contribuyeron diversos factores.

El FMI fue el resultado, en primer lugar, de un profundo debate sobre política monetaria internacional entre americanos y británicos entre los años 1941 y 1943, poco antes de que la segunda guerra mundial terminara.

Gran Bretaña representó las aspiraciones de los países deudores que salían económicamente debilitados de la guerra y que reclamaban, por tanto, una institución internacional capaz de suministrar volúmenes ingentes de apoyo financiero de manera casi incondicional.

Los norteamericanos, en cambio, que preveían su papel de país acreedor al terminar la guerra mundial, querían arriesgar volúmenes más pequeños de apoyo financiero, imponiendo condiciones muy precisas a los países demandantes. Al final, el FMI quedó configurado como un compromiso de esta confrontación de intereses a nivel mundial.

El nombramiento del primer Consejo de Administración del FMI en 1946 ya dejaba entrever la importancia que todos los países daban, por el rango de los elegidos a la nueva institución. Los norteamericanos nombraron a Harry D. White —el segundo hombre del Ministerio de Finanzas, que había conducido todo el peso de la negociación inicial con el prestigioso economista británico J. M. Keynes—; los franceses nombraron a Pierre Mendès France.

Y la mayoría de los países restantes enviaron a ex ministros de Finanzas o gobernadores de los bancos emisores.

Tradicionalmente, el FMI analiza la evolución de la economía de sus países miembros en informes anuales en los que se dedica especial atención a aquellas prácticas restrictivas aplicadas por los distintos gobiernos que entorpecen la liberalización de las corrientes monetarias. Al contrario de lo que ocurre con otros informes como los de la OCDE, el FMI no requiere el acuerdo previo del Gobierno sometido a examen. Con el transcurrir de los años, el colectivo de economistas y juristas que trabajan en el FMI ha mantenido y afianzado su independencia profesional, lo que no ha dejado de suscitar enfrentamientos ocasionales entre el *staff* y los directores ejecutivos nombrados por los distintos países.

Los informes anuales —que se mantienen en una confidencialidad relativa— son el resultado del trabajo de misiones compuestas por cuatro o cinco economistas especializados —el doctorado en Económicas es un requisito indispensable para entrar en el Fondo—, efectuadas durante unas dos semanas en los países industrializados o hasta cuatro semanas en aquellos países en los que es más difícil recabar la información necesaria.

De los diversos canales por los que se puede solicitar ayuda al Fondo, el recurso a créditos contingentes, o *stand-by*, ha sido la fórmula tradicional. En estos casos, la misión establece —después de arduas negociaciones con el gobierno interesado— el programa financiero para los próximos doce meses, que, en teoría, puede garantizar la corrección de los desequilibrios del país deudor y, por tanto, su capacidad de devolverle al Fondo los recursos prestados. Estos programas financieros comportan a menudo condicionamientos muy específicos sobre crecimiento de la oferta monetaria, gasto público e incluso deuda exterior en algunas ocasiones.

La fuerte posición negociadora del FMI con algunos países del

Tercer Mundo, arranca de la práctica externa al Fondo por parte del sector privado de condicionar sus inversiones y ayudas crediticias a la existencia previa de un acuerdo con el FMI en torno a un programa financiero. En este sentido, se puede decir que el impacto del Fondo va más allá de lo que requeriría el volumen de su ayuda estricta. Y que el acusado poder que se le achaca no arranca tanto de sus propios estatutos y prácticas como del consenso que su eficacia, profesionalismo y —todo hay que decirlo— su ortodoxia ha generado en los sectores económicos y financieros internacionales.

Los funcionarios internacionales no tienen patria específica o la tienen tan desdibujada que sus emociones y estilos de vida permanecen inalterables al margen del lugar de residencia. La precisión en los horarios, la competencia despiadada en la carrera de ascensos para no perder el *step* a fin de año, las vacaciones bianuales al país de origen que deben administrarse con la puntillosidad de un relojero, cuando, como ocurre a menudo en estos casos, el matrimonio mixto obliga a compartir el tiempo visitando a padres y suegros en países distintos. Todo me recordaba, brotando de diez años atrás, mi primera y corta experiencia como funcionario internacional en la Organización Internacional del Trabajo en Ginebra, poco después de abandonar España, en 1959, con motivo de la huelga nacional pacífica.

«*The paranoia of these gentlemen* —dijo de pronto Robichek en una comida con el ministro argentino de Economía en la sede del Fondo en Washington— *is far above the world average. These are people who have frequently been asked to battle on unfamiliar fronts and this has forced them to operate in a suite of tension. They never work in their mother tongues but always in borrowed languages. Their family lives are everything that can be expected of mixed marriages with children born in different cities or countries. They have been required to present various prestigious university degrees in order to enter an institution like this and we submit them to an inflexible working sys-*

tem and a disproportionate amount of responsability. That's what paranoia is made of».*

En aquel entonces, la vida de un economista en el Departamento Occidental del Fondo Monetario Internacional implicaba estancias de tres y hasta cuatro semanas en los países que solicitaban la ayuda del Fondo para poder elaborar el programa financiero, a cuyo cumplimiento se condicionaría la ayuda, seguidas de una estancia de tres semanas en Washington para terminar los informes antes de salir inmediatamente con destino a otro país para hacer idéntico trabajo.

Una tras otra, la retina asimilaba y remitía al subconsciente imágenes de civilizaciones tan disparatadas como entrañables: El Salvador, con la dulce república de Santana en el interior, o el cerro Verde, que, cerca de la capital, permitía contemplar las últimas bocanadas del volcán Izalco, que durante siglos había sido faro perenne para los navegantes del Pacífico. Nicaragua, que Somoza gobernaba apurada pero inflexiblemente desde Managua, aunque toda la belleza parecía haberse concentrado en la ciudad de León, tan llena de resabios españoles que se parecía a El Ferrol como una gota de agua a otra. El paisaje torturado de Guatemala —sin lugar a dudas el más bello del mundo—, que parece el producto del sueño agitado de un gigante sacado de un cuento infantil. La calle La Florida, de Buenos Aires, tan larga como las Ramblas en Barcelona, pero mucho más frágil y delicada. Ouro-

---

* «El grado de paranoia de estos señores es superior a la media mundial. Son gente a la que se ha pedido que libren batallas frecuentes en escenarios desconocidos que les han forzado a tensar sus organismos. No trabajan nunca en su lengua materna, sino con idiomas prestados. Sus hogares dan de sí todo lo que pueden dar de sí los matrimonios mixtos, con hijos nacidos en diferentes capitales o países. Se les han exigido distintos y prestigiosos diplomas universitarios para poder entrar en una institución como ésta y les sometemos a un régimen inflexible de trabajo y responsabilidades desproporcionadas. Con estos ingredientes se hace la paranoia.»

preto, en el estado Minas Gerais de Brasil, era una sucesión de casas adosadas por los tejados subiendo hasta el campanario, igual que en Vilella Baixa, pero sin horizontes en el espacio visual. Y en todas partes, funcionarios educados en Harvard, Columbia o San José de California, manejando la oferta monetaria, el endeudamiento exterior y los límites del gasto público desde despachos en los que la sobriedad de los muebles importados parecía ocultar con astucia el poder desproporcionado que detentaban sus usufructuarios.

Cuando aparecieron, en los años veinte, los primeros esbozos de programación financiera, surgieron éstos como una imposición de los países entonces acreedores a los deudores y, en modo alguno, como una decisión propia adoptada en el marco de una política económica nacional.*

Al terminar la primera guerra mundial, ni el crédito ni las repetidas promesas de pago de los países europeos bastaban para absorber las exportaciones de Estados Unidos. La demanda europea era insaciable en el marco de la reconstrucción y su impacto sobre el tipo de cambio fue tal, que se estuvo a punto de convertir en prohibitiva cualquier compra adicional en el exterior.**

Los primeros programas de estabilización en la historia económica aparecieron como respuesta ineludible a ese desequilibrio continental: Austria, en 1923; Alemania y Rumania, en 1924; Gran Bretaña y Checoslovaquia, en 1925; Bélgica, en 1926; Italia y Polonia, en 1927; Francia y Grecia, en 1928; Yugoslavia, en 1931, se constituyeron en primeros escenarios para las balbucientes técnicas

---

* Véase *La salida de la crisis*, Argos Vergara, Barcelona, 1980.

** En 1921, el presidente Hoover le escribía a Benjamin Strong, gobernador del Banco de la Reserva Federal: «La rehabilitación económica de esos cien millones de personas es vital para nuestro comercio; en última instancia, de su recuperación económica depende la vida cotidiana de cada uno de nuestros trabajadores y campesinos». L. V. Chandler, Benjamin Strong, Central Banker, The Brookings Institution, 1958.

de lo que veinte años después iba a llamarse la programación financiera.

El denominador común de esos programas de estabilización fue la orquestación entre banqueros centrales de préstamos condicionados al logro del equilibrio fiscal, renegociación de la deuda pública para liberar el sistema bancario de los requerimientos gubernamentales y restablecimiento del nivel relativo de precios. Los programas financieros fueron la obra exclusiva de banqueros centrales, con poca o ninguna participación de políticos y economistas. El círculo restringido y no siempre bien avenido de los gobernadores: Benjamin Strong, de Estados Unidos; Lord Norman, del Banco de Inglaterra, y Émile Moreau, del Banco de Francia, fue el verdadero inspirador de los primeros ejemplos de programación financiera.

No todos los historiadores han rendido la debida justicia a la década de los veinte por su papel de verdadero crisol de la moderna política monetaria. De este olvido son particularmente responsables los teóricos del poskeynesismo, con el resultado de que los años sesenta produjeron una admiración beata, repentina y generalizada por las técnicas supuestamente recién inventadas del Monetary Management, equiparable —por las falsas ilusiones generadas— a las repetidas revoluciones verdes, rojas y tecnológicas con que deshacen de un plumazo los entuertos innumerables profetas.

El hecho de que el origen de la programación financiera haya que buscarlo en planes de estabilización impuestos por banqueros interesados en asegurar la amortización de sus préstamos no contribuyó en nada a popularizar la idea de la programación a corto plazo en las esferas oficiales y, en menor grado todavía, en la opinión pública. Debieron transcurrir casi otros treinta años antes de que los responsables de la programación financiera —esta vez ya en el seno de las propias administraciones nacionales— cayeran en la cuenta de que la generación de un excedente en la balanza de pagos había sido una constante de los primeros programas financieros y no de la programación financiera como tal. La previsión consciente de un déficit exterior —cuando lo aconsejen la evolución de los recursos monetarios disponibles y las necesidades del crédito— no sólo constituye un acto legítimo de programación financiera sino que su consecución la reclama en mayor medida que la simple propuesta de generar un excedente.

Resulta innecesario estudiar la historia del pensamiento económico para explicarse la parsimonia con que uno tras otro todos los países han ido aceptando a regañadientes programar el comportamiento de sus principales variables financieras.

Pero hoy, la práctica de la programación financiera se identifica con la esencia misma del ejercicio del poder político: la elección de la tasa de inflación que se está dispuesto a tolerar, el nivel de reservas propuesto como objetivo del país, las decisiones en torno al volumen global y canalización del crédito entre los distintos sectores productivos, las metas fijadas en materia de endeudamiento externo, son todas ellas variables íntimamente relacionadas entre sí que condicionan una buena parte de los niveles de producción y, de manera más clara, la distribución de recursos.

La programación financiera aparece entonces como la camisa de fuerza que, demasiado a menudo, inmoviliza al político, o bien, en el mejor de los casos, disminuye el alcance de sus iniciativas al insertarlas en un marco consistente. Para colmo de males, las servidumbres impuestas por la programación financiera lo eran y, en gran medida, lo siguen siendo, en nombre de una técnica balbuciente en torno a la cual la disparidad de juicios es la norma y cuyas previsiones sólo contadas veces son acertadas.

Si el inicio de la programación financiera a escala nacional debió esperar a que cristalizara la cooperación entre bancos emisores en los años veinte,* su implantación definitiva estuvo igual-

---

* Los contactos ocasionales, algún que otro préstamo y hasta líneas de crédito recíproco establecidas en el siglo XIX, tienen cabida en la historia monetaria, pero

mente supeditada a la institucionalización de la cooperación monetaria internacional al terminar la segunda guerra mundial y, sobre todo, a su reactivación a comienzos de los años cincuenta. Cuando la cooperación monetaria internacional reavivó la posibilidad de ofrecer financiación exterior a corto plazo para corregir desequilibrios externos,* se hizo perentoria la necesidad de adoptar también un programa monetario que, al ser coherente, calmara las aprensiones del exterior. A partir de entonces, ofrecer a los potenciales acreedores un programa coherente implicaba conjugar el comportamiento previsible de la preferencia por la liquidez del sector privado, con la política de las autoridades monetarias y exigencias del sector público.

Con la programación financiera a corto plazo sucedió algo muy parecido a lo ocurrido con la planificación a medio y largo plazo. La necesidad de enarbolar un documento que sistematizara las perspectivas de desarrollo ante las posibles fuentes de capital a largo plazo fue el principal aliciente —y a veces el único objetivo— de los primeros Planes de Desarrollo. También los programas monetarios tenían la gran virtud de cuantificar relaciones completamente comprensibles para cualquier banquero interesado en prestar su dinero a los países protagonistas del drama, pero demasiado confundido por las disparidades políticas, lingüísticas o raciales del potencial mercado.

La banca privada internacional encontró sumamente útil este tipo de ejercicio. El crecimiento previsible del dinero y cuasidinero, o de los activos del sistema bancario, sustituyeron pronto a las disgresiones geopolíticas como factor de ilustración del mercado

---

difícilmente merecen ser considerados como primeros ejemplos de cooperación monetaria internacional. Para una opinión contraria, véase F. Garelli, *La Cooperation Monétaire Internationale depuis un siècle*, Imprimeries Populaires, Ginebra, 1946.

* El primer acuerdo de crédito contingente del Fondo Monetario Internacional se concedió en junio de 1952.

internacional de capitales. En muchos países en desarrollo —sobre todo aquellos en que ni la geografía ni la política alimentan en demasía las expectativas de continuidad—, la banca privada, principalmente la norteamericana, pero también la europea, suele todavía condicionar sus préstamos a la concesión de un crédito contingente por el Fondo Monetario Internacional. De lo que se trata, en estos casos, no es tanto de apuntalar la liquidez del país receptor como de garantizar la elaboración de un presupuesto monetario y, en la medida de lo posible, su cumplimiento.[*]

Los primeros países que se dieron cuenta de esa repentina burocratización de la finanza internacional se lanzaron —casi siempre a regañadientes— por la vía laboriosa de la programación financiera.

La misión del Fondo Monetario no visitaba jamás la sede de ninguna embajada acreditada en el país objeto de análisis, no sólo para evitar la apariencia de cualquier compromiso político con países con un determinado peso específico en el Consejo de Administración de la institución internacional, sino porque todos aceptaban implícitamente que los que más sabían de los vericuetos y escondrijos de la vida económica del país eran aquellos cinco extranjeros que componían la misión del Fondo Monetario. En algunos países era preciso confeccionar la balanza de pagos desde fuera, es decir, consolidando uno a uno todos los créditos internacionales detectados hasta reconstruir lo que pudiera asemejarse a la cuenta de capital de países más sofisticados y, después de aquilatados los movimientos experimentados por las reservas internacionales, deducir el resto como subproducto de un sueño macroeconómico que reflejara el comportamiento nacional, incluida la evasión de capitales.

---

[*] Véase la obra del principal asesor jurídico del Fondo Monetario Internacional, Joseph Gold, *The Stand-By Arrangements*, International Monetary Fund, Washington, 1970.

A las discusiones con los funcionarios del banco emisor de cada país sucedían luego los grupos de trabajo conjunto con el resto del sector público, banca privada, principales centros de decisión económica del país y, sólo en muy contadas ocasiones, como era el caso de la Fundación Getulio Vargas de Río de Janeiro, algún contacto académico. Las tres semanas de entrevistas y confección de cuadros estadísticos culminaban con varias sesiones de trabajo con el ministro de Finanzas. De todos ellos, conservo un cariñoso recuerdo de hombres más entregados a su trabajo y con mayor vocación de servicio de lo que la prensa local a menudo dejaba traslucir. Pero muy por encima de todos estaba Delfim Netto, entonces ministro de Finanzas del Brasil, a quien podía uno fácilmente imaginar como gobernador del Banco de Inglaterra o director general del Fondo Monetario Internacional si la política y la nacionalidad no fueran en el siglo XX obstáculos insalvables.

«Ahora deja que hable el Fondo —interrumpía siempre Netto a sus asesores más inmediatos cuando protestaban de las insinuaciones pesimistas, lanzadas por algún miembro de la misión, sobre el comportamiento de alguna variable económica—. Durante todo el año me estás repitiendo que las cosas van muy bien. A mí no me importa, sino todo lo contrario, que una vez cada doce meses alguien me diga que van muy mal.»

Entretanto, las esposas de los miembros de la misión se veían ellas también sometidas al ajuste de la soledad de un barrio residencial en una hilera de casas en los alrededores de Washington, que, al contrario de East Sheen o Barnes, en Londres, no se habían aglutinado en torno a una iglesia medieval o un estanque construido a comienzos de siglo, sino en función de la geometría de un plano diseñado por arquitectos contratados por un grupo inmobiliario a centenares de kilómetros del lugar.

Los europeos llevan el condicionamiento ancestral de la vida en los pueblos solidificados gradualmente a partir de una plaza mayor. Y cuando se les obliga a vivir en las ciudades, vuelven naturalmente a los pueblos de la periferia que las precedieron. El capricho de la historia hace que en Estados Unidos el proceso sea exactamente inverso. Todo empieza en torno a un casco, por supuesto, relativamente moderno, que va, mediante palpitaciones sucesivas, generando círculos concéntricos cada vez mayores hacia espacios desiertos, y los residentes de la periferia acaban por perder hasta el recuerdo de la plaza mayor o de una calle con tiendas. Las esposas de los funcionarios internacionales encajaban mal, por término general, la soledad y la nueva condición de casadas con maridos intermitentes. Los hijos, en cambio, menos influenciados por los condicionamientos ancestrales, sintonizaban de lleno y exuberantemente con la nueva sociedad americana, que parecía hecha a su medida, en la misma intensidad que la vieja sociedad adulta de Burdeos o Barcelona parecía diseñada para restringir sus iniciativas.

De un *staff* que superaba ligeramente el medio millar de profesionales, sólo había tres españoles: Manolo Guitián, de El Ferrol, casado con una norteamericana; Joaquín Ferrán, de Lleida, casado con una alemana, y yo mismo, si se excluía —y el *staff* contratado directamente en base a sus méritos profesionales lo excluía siempre— al representante oficial del Gobierno en el Consejo de Administración del Fondo.

El Fondo Monetario tenía una decena de representantes suyos en otros tantos países con dificultades lo suficientemente serias como para requerir una vigilancia sobre el terreno de los programas financieros acordados con el gobierno. Eran plazas especialmente codiciadas por los economistas ubicados en Washington, porque los pluses nada desdeñables por residencia en el extranjero ofrecían la oportunidad de acumular, durante los tres años que duraba el destino, ahorros suficientes para adquirir una vivienda propia al regresar a Washington. Y salvo para los espíritus menos aventureros y poéticos, la condición de representante permanente del Fondo suponía unos años de vida confortable en un escenario que, a raíz de la asociación existente entre las dos categorías de exótico y debilidad financiera, garantizaba simultáneamente *plenty of work* y los sueños de la imaginación. Me tocó Perú.

En el primer viaje a Lima para buscar residencia familiar reanudé mis contactos con la literatura —a la que había abandonado al optar por la economía a comienzos de la década de los sesenta—, entrevistándome con Vargas Llosa en su casa limeña. Ya era entonces una persona cálida y llena de humanidad. «¿Cuándo se jodió el Perú?», preguntaba uno de sus personajes. Innumerables veces me he hecho la misma pregunta referida a España para saber cuándo se torció realmente el rumbo que iba a impedir llegar al unísono con los demás países europeos al siglo XXI. Parece que todo empezó en algún año de comienzos del siglo XVI.

Una crisis ministerial del Gobierno peruano, que me sorprendió empaquetando los enseres de la casa en Washington, deterioró las relaciones con el Fondo Monetario hasta tal extremo que se decidió suspender el envío del representante permanente hasta tener garantías adicionales de que el nuevo rumbo que se pretendía dar a la política económica encajaría con los esquemas de Robichek y Del Canto. Como ha puesto de manifiesto la negociación del pago de la deuda exterior durante la década de los ochenta, las relaciones entre Perú y la comunidad financiera internacional siempre fueron tensas y sobresaltadas.

En aquellos días de espera quedó vacante el puesto de representante en el Caribe con sede en Puerto Príncipe, Haití. El dictador Duvalier acababa de morir y las consiguientes expectativas de mayor seriedad financiera permitieron al Fondo Monetario Internacional anticipar una mejora de las relaciones del Banco emisor con las finanzas internacionales, la conclusión de un *stand-by* financiero con el Gobierno haitiano y, dadas las circunstancias específicas del lugar y tiempo, enviar un representante. No dudé ni un instante en aceptar la oferta de vivir durante tres años en un país del que sólo conocía lo que Graham Greene había explicado en *Los comediantes*.

Una vez en Haití, recordaría muchas veces los argumentos de Graham Greene sobre la dictadura política, hilvanados desde la óptica de un intelectual progresista europeo, al que se le escapó el entramado capital, para entender a la sociedad haitiana, de la división racial entre negros y mulatos: pero el libro tenía la ventaja, cuando menos, de un título, *Los comediantes*, que sí compendiaba en una sola palabra ciento setenta años de historia. Compartía el despacho con el vicepresidente del Banco Central. Antes de ser nombrado para ese cargo por el nuevo jefe de Estado Baby Doc, había sido jefe de la sección de pasaportes en la policía nacional y estaba repleto de anécdotas del viejo dictador. Recordaba a menudo sus apuros un sábado por la mañana cuando el presidente le llamó personalmente por teléfono para reclamarle seis pasaportes diplomáticos que debían expedirse inmediatamente.

—*Je veux les passeports tout de suite.*

—*Mon président, c'est impossible, le bureau ferme dans une demi-heure et il n'y a plus d'existences.*

—*Je le sais, mon cher, mais je les veux quand même* —y el presidente colgó el teléfono.

«*Et les passeports apparûrent comme par miracle, bien évidemment*» —concluía con una gran carcajada el vicepresidente.[*]

Duvalier tenía un sentido innato de la autoridad y una confianza total en sus dotes de comunicación, que le habían conferido, probablemente, su condición de *hougan* tanto como la de médico. Le había visto asomarse al balcón del palacio presidencial

---

[*] —Quiero los pasaportes en seguida.

—Es imposible, presidente: no nos queda ni uno y la oficina cierra dentro de media hora.

—Ya lo sé, querido, pero los quiero de todas maneras.

Milagrosamente acabé encontrando los pasaportes, por supuesto.

para dirigirse a la multitud negra de Puerto Príncipe que esperaba respetuosamente en silencio sus palabras: «*Je suis immateriel.*» No hacía falta más para que aquella muchedumbre estallara enfervorecida en gritos a favor del presidente. En Haití, las multitudes constituyen el marco adecuado y solemne que la población necesita para manifestar su sentido teatral de la vida: «Es el resultado de un nivel de paranoia ligeramente superior al promedio del hemisferio», mantenía un médico norteamericano ubicado temporalmente en Petionville.

Como en todas las islas, la vida transcurría con su ritmo característico de lentitud desconocida para los urbanitas de las grandes capitales de los cinco continentes. La certeza de que tampoco mañana, ni pasado mañana, ni al otro día amanecería con el cielo encapotado constituía el aviso de que la naturaleza había renunciado al concepto mismo de cambio y que más valía buscar la armonía, aceptando dosis de contemplación y parálisis, en la vida íntima mayores que en el lugar de origen.

A las ocho menos cuarto de la mañana, llegaba el conductor Orígenes. Hasta 1804 —fecha de la ejecución masiva en manos de los esclavos rebeldes que sustrajeron Haití del Imperio colonial francés de manera tan cruenta como inesperada—, los colonos habían prodigado a sus esclavos nombres de la vieja cultura continental, como Moliere o, simplemente, Beau, Gentil, Méchant, en función de las reacciones primarias de sus súbditos de piel negra.

Hasta las dos de la tarde, intentaba actualizar y ordenar los índices de precios, del volumen de exportaciones e importaciones, del crecimiento de las disponibilidades líquidas, del crédito al sector público y del endeudamiento exterior. De las discusiones con los responsables de los movimientos sospechosos en alguno de estos índices salía al final de la mañana un télex para el FMI en Washington, que era el único cordón umbilical que me unía al resto del mundo.

A las seis de la tarde, Antonio Gourgue, gobernador del Banco

Nacional de Haití, quería siempre despachar los asuntos del día con el representante permanente del Fondo Monetario Internacional. Después de la muerte del presidente Duvalier, Antonio Gourgue se había movido como un hurón por los escondrijos de las finanzas internacionales para convencer a los responsables blancos del FMI, Banco Mundial, Banco Interamericano de Desarrollo y Ex Imp Bank, de que la muerte del legendario Papa Doc abría una etapa nueva de liberalización y sosiego en la vida de la pequeña y sobrecargada república negra.

Papa Doc había dado muestras de una escrupulosidad sin límites con los asuntos del Banco Nacional de Haití y el valor de cambio de la gurda. Durante años, el Producto Nacional Bruto había retrocedido sin que nadie cuestionara que con cinco gurdas se podía comprar un dólar. «Las finanzas internacionales —repetía Papa Doc— son el cordón umbilical que nos une con el resto del mundo y hay que dejarlas en las competentes manos de Antonio Gourgue.»

Durante su infancia, Antonio no podía entrar en el club de golf ni siquiera para ejercitar su incipiente profesión de limpiabotas. Los mulatos y la ínfima colonia blanca, aglutinada en torno a las cuatro embajadas, mantenían los viejos hábitos segregacionistas. Papa Doc era tan negro como Gourgue y había reconvertido las prácticas discriminatorias contra los mulatos en exclusiva.

Cuando Antonio Gourgue fue nombrado gobernador del Banco Nacional, buscó rápidamente la protección de las instituciones financieras internacionales a quienes poder culpar ante su Gobierno de los ramalazos de racionalidad financiera, que era preciso imponer en la gestión sobresaltada de la república. El representante del FMI era su mejor aliado.

Lamentablemente, hacia fines de la década de los sesenta, Gourgue no había podido evitar que el vigilante encargado de velar por el pequeño patrimonio del Ministerio de Obras Públicas, financiado con un crédito del Banco Mundial para construir la carretera de Puerto Príncipe a Cabo Haitiano, apareciera una mañana crucificado en la puerta de su garita. Fue el último despropósito que colmó el vaso de la paciencia de los responsables blancos de las finanzas mundiales con sede en Washington y, por primera vez en la larga historia del régimen, el Banco Nacional, Antonio Gourgue y el valor de la gurda quedaron abandonados a su propia suerte negra.

La muerte de Papa Doc y la llegada a la jefatura del Estado de Baby Doc le permitieron reanudar sus viejas amistades. A sus casi setenta años, mantenía un cuerpo delicado de bailarina. Sus dedos negros jugaban sin cesar con un bolígrafo de oro, con el que rara vez escribía; sus ojos pequeños habían conocido todos los secretos de la república y parecía excitarlos el recuerdo de todo lo que había que esconder a los blancos. Antonio Gourgue estaba en guardia permanente para arrebatarle al futuro, segundo a segundo, la continuidad de las cosas y de las personas.

«Cuando llegues a Haití —había dicho Robichek a su futuro representante en el Caribe— no olvides nunca que la obsesión exclusiva de los haitianos consiste en sobrevivir.»

Una pequeña pantalla de televisión, colocada en la esquina izquierda de su mesa de despacho, le revelaba todos los movimientos que ocurrían en su secretaría contigua, a donde llegaban generales del ejército de Tierra; campesinas en busca de medicamentos para una hija pequeña asmática que se asfixiaba en el calor tórrido, sobrecargado de polen, en la ciudad de Jaqmel; un obispo negro de Harlem que quería emitir bonos en Nueva York para socorrer a sus hermanos de raza haitianos; vendedores de armamento y de petróleo, o un *yankee* desesperado por conseguir el permiso de establecimiento de una industria de pelotas de béisbol. Si se lograba franquear la puerta de su despacho, Antonio Gourgue les sentaba en una silla a su derecha, para que pudieran contemplar con sus propios ojos el escenario esquizofrénico de la administración de las escuálidas finanzas de más de seis millones de habitantes que se habían declarado independientes, cuando nadie en el mundo pensaba en tamañas proezas en 1804.

Al concluir el siglo XVIII, la colonia francesa estaba constituida por doscientos mil habitantes, que, con la ayuda de un centenar de perros, ejercían su señorío sobre la población haitiana. Aún hoy, la aparición de un Weimaraner arrancaba del subconsciente de los campesinos un reflejo de pánico reminiscente de los desórdenes acallados antaño gracias a la ferocidad de los mejores amigos del hombre. Todo lo contrario del sentimiento despertado por los gatos, que fueron siempre un manjar inesperado y exquisito de la comida haitiana. ¿Cuántas embajadoras blancas han buscado inútilmente a sus gatos por los patios recubiertos de buganvillas de sus casas espaciosas y expuestas al sol, a las pocas semanas de haber aterrizado en el aeropuerto de Puerto Príncipe?

La revolución ensangrentada de Santo Domingo, en 1804, segó la vida de doscientos mil franceses y cortó de raíz para siempre el odio racial contra los blancos. Olvidado el latir de sus pulsos, extinguidos en la *kermesse* de una noche presidida por las pasiones y la fiebre masiva del vudú, hubo que atribuir a la fiebre amarilla, que diezmaba los niños negros en su primera infancia y a las guerras fratricidas, las maldiciones de la propia isla y de la estirpe súbitamente allí arraigada.

Gracias a la matanza de niños, mujeres y hombres, Haití es la única isla del Caribe donde el odio a los blancos es inexistente, sabedores sus habitantes de que el teatro de la vida allí representado cotidianamente es el fruto de la propia melancolía y no de la ajena. «*Il y a quatre blancs ici*», repetía mecánicamente la secretaria del primer ministro Cambronne, anunciando la visita de una delegación extranjera.* «*Blanc, donne moi une gourde*»,** dicen todavía hoy los mendigos a los turistas sin ánimo de ofender al blanco por lla-

---

* «Aquí hay cuatro blancos.»
** «Blanco, dame un gourde.»

marle blanco o al negro por llamarle negro, cuando ha desaparecido hasta el recuerdo de las pugnas raciales.

El representante del Fondo Monetario Internacional recogió de su mesa de despacho la carpeta titulada «Arrears» para contestar a la llamada del gobernador a las seis de la tarde. Con la palabra «Arrears» se clasificaba la evolución de una institución típicamente haitiana, que era el subproducto de la escasez del erario público en las relaciones con sus funcionarios. A comienzos de los años setenta, se había conseguido reducir el plazo de los «Arrears» a sólo un trimestre. Durante años, el Gobierno no había podido hacer honor a sus compromisos con los funcionarios de su propia administración, a los que se ofrecía a final de mes la disyuntiva de descontar la promesa de pago gubernamental en el mercado negro a un 30 o 40 por ciento de su valor, o, por el contrario, confiar en el futuro del país esperando que la Administración podría reducir el retraso en la liquidación de los sueldos de un año a seis meses, de seis meses a tres y de tres al momento exacto de su vencimiento.

La reducción de estos «Arrears» figuraba como una obligación adicional contraída por el Gobierno haitiano en la mayoría de los *stand-by* firmados con el FMI. Los mayores ingresos gubernamentales, sin embargo, dependían del buen funcionamiento de la aduana y la aduana, a su vez, no dependía del Banco Nacional.

Antonio Gourgue, con la ayuda del representante del FMI, había conseguido que el Gobierno aceptara la llegada a Haití de un equipo de expertos extranjeros encargado de sanear el funcionamiento de la aduana y poner fin a las corruptelas que sustentaban pequeñas excentricidades de algunos sectores políticos.

Contrariamente a lo esperado, Antonio Gourgue no quería analizar aquella tarde la evolución de los retrasos en los pagos de los haberes de los funcionarios de la Administración, sino dar cuenta al delegado del Fondo Monetario Internacional de que hacía apenas dos horas un comando de exiliados se había apoderado de la embajada norteamericana, secuestrado al embajador, de raza negra —con gran disgusto de los haitianos—, y pedido en rescate la liberación de treinta prisioneros políticos encerrados en la inhóspita cárcel de Fort Dimanche, en Puerto Príncipe, una suma de setenta y cinco mil dólares y la garantía de la huida del país en un avión con destino a México.

Había que anotar el número de la serie de los billetes de dólar para que Interpol pudiera luego rastrearlos en el hemisferio. La operación exigió unas dos horas, entre idas y venidas de emisarios de palacio que daban cuenta minuto a minuto de la evolución de las negociaciones. El Departamento de Estado de Estados Unidos se encontraba entonces enfrascado en numerosas escaramuzas con la guerrilla por Latinoamérica y, a raíz de su enfrentamiento con los tupamaros en Uruguay, había decidido no ceder al chantaje de los secuestros en ningún caso y bajo ninguna circunstancia. El embajador norteamericano, a quien su raza negra había complicado obviamente la labor diplomática en Haití, una vez secuestrado, consiguió que prevaleciera su condición de hermano de raza y Baby-Doc decidió asumir las servidumbres de la negociación con los secuestradores para salvarle la vida.

Con el representante del Fondo Monetario Internacional, los plenipotenciarios extranjeros de mayor rango eran el nuncio de Su Santidad y el embajador francés, que, contra viento y marea, mantenía gracias a algunos *stagiaires* l'*École française* de Puerto Príncipe. Los tres intervinieron para garantizar el éxito del desenlace final de unas negociaciones entre secuestradores y miembros de la Administración haitiana llevadas muy fría y caballerosamente.

Al parecer, quince de los prisioneros cuya liberación exigían los secuestradores ya habían fallecido mucho antes de que los exiliados políticos decidieran reclamar su liberación y este pequeño percance retrasó el final de las negociaciones hasta las ocho y media de la tarde.

Una vez concluido el acuerdo, se inició el desenlace sin demora: precedidos por el nuncio de Su Santidad —que con el representante del FMI fueron siempre representantes de potencias extranjeras más reales, afines y respetadas que las llamadas grandes potencias, en el resto del mundo—, empezó a salir la comitiva camino del aeropuerto. Detrás del nuncio de Su Santidad iba el embajador norteamericano rodeado de los secuestradores metralleta en mano. Inmediatamente después, seguían los quince prisioneros políticos supervivientes de la cárcel de Fort Dimanche y cerraba la comitiva un grupo bien controlado de Ton-Ton Macoutes de la guardia presidencial.

La liberalización del régimen que Antonio Gourgue había explicado con tanta sagacidad y convicción a sus acreedores extranjeros empezaba a manifestarse con la aparición de periodistas y locutores radiofónicos que transmitían en directo acontecimientos clave de la historia política de Haití. Y como siempre, cada vez que se congregaban haitianos en número suficiente para constituir una pequeña muchedumbre, llenaban súbitamente el aire las notas musicales de un merengue con melodía pegadiza. Cualquier extranjero que contemplara de pronto aquella escena sería incapaz de saber si se trataba de la secuela de un carnaval, de la representación de la Pasión de Cristo, o de un asalto a tumba abierta orquestado por un cura guerrillero.

En medio de una pequeña multitud de doscientas o trescientas personas, que se aglutinó inmediatamente, los reporteros de los dos periódicos de la capital —el de mayor tirada acababa de celebrar con éxito un concurso de calificativos que definieran con mayor rigor las cualidades del nuevo presidente: *éternel, sage, généreux, leader du tiers monde*— conseguían sonsacar a los liberados gracias al secuestro palabras y gestos que, paradójicamente, eran negativos y contrarios al exilio con que se les recompensaba.

—*Je veux pas m'en aller!*

—*J'ai ma mère ici* —gritaban entre sollozos histéricos.

—*Mon Dieu, ayez pitié de moi.*

—*Mais tu ne connais pas l'histoire?* —me aclaró el gobernador en el despacho al día siguiente—. *Ils avaient demandé la libération de trente prisonniers. On leur fait savoir que quinze d'entre eux étaient déjà morts et qu'il fallait donc que les exilés se conforment avec la libération des quinze prisonniers restants. Après des longues discussions ils acceptèrent ces conditions. Mais en realité, cher ami, tous etaient morts dépuis déjà longtemps. On avait dû donc decidé, d'arreter dans la rue les quinze premiers piétons que la police trouverait à son passage. Pas étonnant qu'ils refusèrent de s'en aller!*[*]

Las negociaciones con los secuestradores habían estado a punto de fracasar al comunicarles que quince de sus compañeros ya habían fallecido. En realidad, hacía apenas un año que había muerto Pierre Gentil, uno de los nombres que figuraban en la lista de prisioneros políticos reclamados por los secuestradores y que, a pesar de su naturaleza escuálida, había sobrevivido unos meses a los otros veintinueve nombres de la lista. No los quince, sino los treinta habían desaparecido.

Ni cortos ni perezosos y con el bienintencionado objeto de que no fracasaran las negociaciones, se decidió en algún salón del blanco palacio presidencial sustituirlos por quince transeúntes de la calle a la hora de la salida del trabajo. Quince ciudadanos y ciudadanas a punto de reunirse con sus madres, o recoger a sus hijos en

---

[*] —¡No quiero irme!

—¡Tengo a mi madre aquí! ¡Por Dios, tened piedad!

—¿No conoces lo que sucedió? Habían exigido la liberación de treinta prisioneros. Se les hizo saber que quince de ellos habían muerto y que, por tanto, deberían conformarse con la liberación de los quince que quedaban. Después de prolongadas discusiones, los exiliados aceptaron estas condiciones. La verdad, sin embargo, era que todos habían desaparecido hacía ya mucho tiempo. Se decidió que lo mejor sería pedir a la policía que detuviera a los primeros quince peatones con que se topase. ¡No era extraño que ninguno quisiera irse!

casa de unos parientes, o de comprar un paquete de cigarrillos *(Je reviens tout de suite*, le había susurrado uno de ellos a su mujer), adquirieron, de pronto, la condición de exiliados políticos.

Se supo luego que México había rechazado darles asilo político y que sólo el presidente de Chile, Allende, había invitado a los quince peatones haitianos para que intentaran establecerse en Santiago de Chile, con tan mala fortuna que, a los pocos días de su llegada, y a raíz del golpe de Estado militar del general Pinochet, terminaron aquella etapa de su vida concentrados en el campo de fútbol con los demás prisioneros políticos de piel blanca.

A la mañana siguiente, recobrada la normalidad, salió el télex de rigor al FMI sin mencionar para nada un hecho que poco tenía que ver con la evolución de las disponibilidades líquidas del sistema monetario.

Frente al problema del subdesarrollo, los economistas han tenido más éxito en descubrir sus características y orígenes que en sugerir las causas para ponerle remedio. Contemplando los ranchos en las colinas que rodean Caracas, los llamados pueblos nuevos en las afueras de Lima —el recordatorio más inmóvil de la lucha del hombre por su supervivencia— o los *choucoun* de paja en que vive la mayoría de la población haitiana, se termina por pensar que la gran diferencia entre el despegue potencial de estos países y el que en su día efectuaron los que hoy son altamente industrializados, es justamente su relación con el resto del mundo. Esta relación retrasa y obstaculiza sin cesar una mejora de los niveles de vida que ni la escasez de recursos ni los excesos en las tasas de natalidad pueden justificar.

Cuando, en el siglo XIX, Gran Bretaña se convierte en unas décadas en la primera potencia industrial de Europa, ni tecnológica ni culturalmente se enfrenta con ningún país que haya alcanzado un grado de desarrollo comparable. A los ingleses les fue extremadamente fácil imponer a los gobiernos de los grandes espacios abiertos de Estados Unidos, Australia y Nueva Zelanda, capaces de producir a precios irrisorios cantidades ingentes de productos alimenticios, un contrato por el que se intercambiaban a buen precio estos productos por los bienes y servicios que estaba generando su revolución industrial.

Los países en vías de desarrollo, en cambio, se han encontrado con un sistema de comercio internacional ultimado hasta en su menor detalle a favor de los que llegaron primero, en el mejor de los casos, sometido a leyes de intercambio diseñadas por las potencias coloniales y, en el peor, a la ley del más fuerte.

Los haitianos constituyen uno de los colectivos más inteligentes y naturalmente dotados del hemisferio. Sin duda, mucho más preparados para la vida moderna que las poblaciones indias de algunos países latinoamericanos como Bolivia.

Su gusto artístico y musical es innato y sólo la comercialización excesiva de su bagaje plástico impide que superen los techos de sofisticación exigidos por el público europeo. El promotor del movimiento pictórico haitiano fue De Witt Peters (1901-1966), enviado a la isla por el Departamento de Estado norteamericano a enseñar inglés. Inspirado por la belleza natural, la claridad de la atmósfera y la riqueza folclórica de Haití, Peters ideó el proyecto de fundar un Centro de Arte, y en 1944 se abrió la primera exposición comprensiva de pintura haitiana. El movimiento pictórico se inició con el lanzamiento del grupo de los Cuatro: Rigaud Benoit, Gesnerr Abelard, Philomé Obin y Héctor Hyppolite.

De este último, había dicho André Breton: «Si Hyppolite fuese conocido por los jóvenes contemporáneos de Francia, él solo podría cambiar todo el curso de la pintura francesa». Los Cuatro formaron escuela de discípulos y sintetizan lo que fue luego el arte haitiano. Los pintores primitivistas, artistas sin formación académica, crean con espontaneidad y liberados de convencionalismos estilísticos. Más bien siguen el dictado de su propia personalidad y sentimientos; de ahí que sus enlaces primarios conecten con la conciencia colectiva del pueblo haitiano. Para el hombre moderno, el arte primitivo aporta exuberancia y misterio. Desde que Paul Gauguin descubrió el mundo místico del arte polinesio, la civilización occidental se ha hecho más sensible a las creaciones espontáneas de pueblos como el haitiano. Picasso, Matisse, Modigliani y muchos otros artistas europeos derivaron gran parte de su inspiración del arte primitivo en la búsqueda de los orígenes.

El subdesarrollo no es, por supuesto, una contingencia de la naturaleza, sino el subproducto de una determinada organización social a escala mundial. Las reflexiones más estimulantes hay que buscarlas en las vías abiertas por autores como A. Emmanuel o Gunder Frank. Ha sido la incapacidad de los Estados modernos para diseminar el acervo de conocimientos y, en particular, los tecnológicos el primer factor responsable de que tres cuartas partes de la humanidad vivan por debajo de niveles de bienestar mínimamente aceptables. La aportación energética del hombre, por su insignificancia en los escenarios modernos, dejó de ser hace siglos un factor relevante del progreso. El factor decisivo es hoy el acervo cultural, técnico y tecnológico. Su particularidad radica en que no es el monopolio de nadie en particular, sino que está diseminado entre los miles de agentes activos que en los países industrializados constituyen las tramas de las distintas culturas técnicas.

Hace falta un acto consciente de coordinación para que este *know how* pueda cristalizar en la producción de bienes y servicios. Es muy probable que toda la información necesaria para producir faisanes esté contenida en el huevo fertilizado por la pareja, pero los datos y conocimientos que son necesarios para producir un avión están diseminados entre miles de personas. Resulta imprescindible que, a través de sistemas racionales de organización, se conjunten y armonicen estos conocimientos si se quiere traducirlos en nuevos bienes o productos que impulsen el progreso. En la segunda mitad del siglo XX, todo parece indicar —como habían intuido vagamente personalidades tan dispares como Alfred Marshall o el propio Lenin— que el factor decisivo de los actuales desequilibrios no es otro que la insospechada incapacidad de las sociedades para organizar sistemática y masivamente la coordinación y aprovechamiento de su activo técnico y tecnológico.

Es verdad que casi todo lo que ha ocurrido en la historia del mundo ha ocurrido en los últimos minutos. De ahí que varias generaciones anden por la vida perplejas y asombradas —cuando no asustadas— de tanto cambio repentino. Si se dividiera el largo período de cuatro mil millones de años desde que se creó la Tierra en seis días imaginarios de casi setecientos millones de años cada uno, se podría decir, respetando los plazos cronológicos, que el hombre apareció sobre la Tierra hace sólo tres minutos y que la revolución industrial empezó hace apenas una cuarentava parte de segundo. En una perspectiva verdaderamente histórica, es cierto que apenas acaba de empezar el gran esfuerzo civilizador de la especie humana. Durante estos últimos y primeros instantes de la historia humana se atravesaron momentos de gran zozobra cuando una serie de científicos eminentes pronosticaron que estaban a punto de agotarse los recursos naturales de la Tierra y que el hombre se enfrentaba a escaseces reales insuperables. Fueron las ideas surgidas a raíz del famoso informe del Club de Roma, en que se anunciaba un agotamiento de los recursos energéticos del mundo para antes de sesenta años, a menos que la especie humana se comportara de una manera voraz en términos de crecimiento y ansias de bienestar. Todo esto hoy es ya historia pasada. Curiosamente, sólo ciertos sectores políticos siguen impregnados de este pesimismo histórico y, en cambio, los científicos, ya sea en el campo de la biología, de la nueva genética, de la informática o de la nueva física, están descubriendo que los verdaderos obstáculos a una vida más armoniosa de la especie no son unas supuestas escaseces reales de recursos, sino los deficientes esquemas de organización social que se manejan y la incapacidad para coordinar toda la información ya disponible.

Con todo, sigue siendo asombrosa la relativa facilidad con que los economistas han explicado las causas de la existencia de bolsas de miseria en los países avanzados y su patente incapacidad para dar cuenta del hambre en el mundo. Se han aducido razones geopolíticas o climatológicas que la existencia de Israel y el desarrollo de determinadas zonas y enclaves del Pacífico han puesto obviamente en entredicho; se ha argumentado que la pobreza es el resultado directo de determinados regímenes políticos o económicos, sin poder explicitar simultáneamente por qué países como Alemania Oriental siguen manteniendo a su favor los diferenciales de crecimiento y bienestar, a pesar de su régimen político, con relación a los restantes miembros del bloque soviético; se sigue abundando aún hoy en los efectos perniciosos del sistema colonial, cuando resulta ciertamente alambicado seguir atribuyendo a la vieja herencia colonial los problemas de subdesarrollo característicos de regiones como América Latina.

Como se explica en el capítulo de Conclusiones, parece mucho más plausible imputar el subdesarrollo a los efectos inevitables del círculo cerrado de la pobreza que obstaculiza la innovación a raíz del lógico rechazo frente al riesgo y la incertidumbre. Y debe atribuirse también a las ideologías imperantes en el mundo occidental, que han sustraído a sus élites dirigentes y a sus sectores profesionales más capacitados del necesario esfuerzo de solidaridad que la lucha contra el subdesarrollo y el hambre entraña. Paradójicamente —para una civilización que hace gala de una sensibilidad esmerada ante el ejercicio de las libertades individuales o la protección del medio ambiente—, el peor insulto con que se puede agraviar a un político europeo partidario de la modernización y el progreso es el de «tercermundista», como si la preocupación por lo que ocurre a tres cuartas partes de la humanidad, todavía sumidas en la miseria, no fuese una preocupación moderna y avanzada. La teóloga alemana Dorothée Sólle se ha referido «al *apartheid* dentro del alma» que tienen esos sectores avanzados. «¡Todos somos tercermundistas!» —o todos deberíamos serlo—, como proclamaban «¡Todos somos judíos!» los demócratas europeos para solidarizarse con las víctimas del nazismo durante la segunda guerra mundial.

El regreso a España, a mediados de 1973, era como desembarcar en un país que —a pesar de las protestas locales— parecía tener remedio y en el que todo era posible.

Capítulo 4
La vida corporativa y la crisis

> «*Els testos s'assemblen a les olles.*»*
>
> Refrán del Baix Empordà

No hay en España ninguna tradición de vida corporativa que haya rebasado los ámbitos estrictos de la gestión empresarial para irrumpir, como en Alemania o Estados Unidos, en la literatura, la sicología social o el puro anecdotario cotidiano. En el contexto español, sería inimaginable que una autobiografía como la de Ian Iacocca se convirtiera en un *best seller*. La sociedad civil se emociona difícilmente con las peripecias de los grandes barones industriales, porque, en definitiva, el proceso industrial español ha sido uno de los más intensos, recientes y cortos de la historia de los procesos de industrialización en el mundo. Para la inmensa mayoría sigue siendo un fenómeno ajeno, y la obsesión por trepar la pirámide corporativa, la lectura rápida, los árboles de decisiones o el ahorro de tiempo al teléfono, para los que existe en Estados Unidos un mercado creciente, son aquí monopolio de una minoría.

Los protagonistas del proceso de industrialización fueron pequeñas y medianas empresas que utilizaron un mínimo de recur-

---

* «Los tiestos se parecen a las ollas.» Un equivalente en castellano sería «de tal palo tal astilla».

sos y tecnología propia unido a dosis ingentes de esfuerzos personales y de imaginación. Paralelamente, se consolidó un reducido sector de grandes empresas que sólo en casos singulares se acercaban a los tamaños característicos de este sector en los demás países industrializados. Tanto en términos de generación de empleo, como de innovación, la aportación de las grandes empresas al valor añadido industrial ha sido mínima. Su dependencia del mercado interno, al que las distintas reglamentaciones de la Administración mantenían cautivo, acabó dándoles un parecido sorprendente con el propio rostro de su amo y benefactor, el Estado.

Se cuenta que el señor Whittom, director del Departamento Europeo del Fondo Monetario Internacional, al traspasar los umbrales del Ministerio de Hacienda en una de sus primeras visitas a España en la década de los sesenta exclamó: «*Gee, it looks like a ship!*»[*] Las grandes empresas, como los ministerios oficiales con sus pasillos con suelos de mármol, en los que montaban guardia docenas de conserjes al pie de cuadros de época, se asemejaban efectivamente a buques de lujo. En 1973, faltaban ya muy pocos meses para que se desatara una tempestad de proporciones desconocidas hasta entonces que llevaría a la zozobra a muchos de aquellos trasatlánticos y, con ellos, la vida profesional de ejecutivos que recordaban, todavía, las largas horas de trabajo de su juventud, pero que habían relegado al olvido todo sentimiento de angustia generado por la competencia del mercado.

En la primavera de 1973, Madrid era una ciudad alegre y confiada que no se había percatado todavía de la crisis económica internacional que estaba trastocando en Estados Unidos los supuestos de un futuro incierto. La inercia de la expansión económica, iniciada en la década de los sesenta, fue responsable de que, en pleno año 1974, se proyectaran importantísimas inversiones siderúrgicas cuando todo el resto del mundo industrializado llevaba ya va-

---

* ¡Dios mío, parece un trasatlántico!

rios años reduciendo la capacidad disponible del sector para adecuarlo a las nuevas exigencias del mercado.

Las autoridades económicas se propusieron resistir los embates de la crisis que, a su parecer, iban a ser transitorios para poder conectar directamente con la expansión anticipada, capaz de arrastrar de nuevo a la economía española. No fue hasta 1977, cuando las instituciones públicas y privadas, los núcleos dirigentes y las clases trabajadoras aceptaron la inaplazable realidad de que las cosas habían cambiado drásticamente y que había que ajustarse a la nueva situación.

La rapidez de los cambios tecnológicos, la irrupción desordenada pero inevitable de los países del Tercer Mundo en el mercado mundial y la fragilidad del sistema financiero, exigían una adaptación constante de las estructuras de los viejos países industriales: o descubrían la manera de ir trasvasando sus recursos humanos y en capital, inmovilizados en los sectores decadentes, hacia aquellos orientados a la exportación y con niveles de productividad más elevados, o bien se resignaban a una esclerosis progresiva en materia de política económica que sólo podía desembocar en profundas convulsiones sociales alimentadas por niveles de ineficacia y desempleo, incompatibles con la supervivencia de los actuales mecanismos económicos.

Las personas sufrieron más que las cosas en el terremoto corporativo. Don Eugenio Fonseca* había sido inspector general de uno de los grandes bancos del país durante décadas. Había ingresado en el banco como auxiliar administrativo a fines de los años cuarenta. Sucesivos destinos le habían llevado por toda la geografía española y, con el paso del tiempo, el director de la pequeña sucursal de un medio rural o de la periferia urbana de las grandes capitales sabía que era inútil esconderle el pequeño favor hecho a un cliente amigo, el escaparate efectuado con el pasivo a fin de mes o el carácter

---

* Los nombres y situaciones relatados a continuación son ficticios.

inevitable de contencioso de un crédito fallido que se aplazaba inútilmente. Para Eugenio Fonseca, nada de lo que existía fuera del banco existía realmente, salvo su mujer y su hijo, que se preparaba para ingeniero naval. Pero de puertas adentro, contaba con el don singular de ver la operativa del banco a través de una pantalla de rayos X, donde los demás sólo veían la apariencia de caras o cifras inconexas.

En los desplazamientos por ferrocarril, Eugenio Fonseca desgranaba una tras otra las mil y una anécdotas de su vida de inspector de hombres: la sorpresa del director de sucursal que descubre de pronto, gracias a las sugerencias del inspector general, que las tinajas supuestamente repletas de aceite, que garantizaban un crédito al primer comerciante local, estaban repletas de agua, si se profundizaba más allá de la capa de dos centímetros que cubría la superficie; el suicidio en el patio de la OP de Ciudad Real del jefe de cuarta acosado por las pruebas irrefutables de un fraude en la caja. Como un traumatólogo que después de cuarenta años de ejercicio ha recubierto su capacidad de sorpresa con una capa aparente de frialdad y despego, Eugenio Fonseca parecía tanto más insensible a los gestos y explicaciones de culpa, cuanto más hondamente penetraba en las claves del comportamiento humano.

Don José Alarcón era el prototipo de la esfinge. De estatura muy superior al promedio, lo era también en edad, experiencia en el mundo exterior a la casa e inteligencia. Era dueño y señor de la parcela —«debería decir del latifundio», susurraba el director financiero cuando invariablemente en los Comités de Dirección iniciaba sus peroratas con las palabras: «en mi parcela...»— de Medios, es decir, Mecanización, Organización y Recursos Humanos. Pepe Alarcón controlaba, pues, el organigrama de la institución, los ascensos, la formación, los ordenadores, el centro de cálculo y los edificios. Era el pilar central, el soporte físico de la operativa bancaria, la infraestructura por la que dejaba circular, si tenía el permiso en orden, a los doce mil empleados, incluido el presidente. Sus empleados. Don José Alarcón sólo llevaba quince años en el banco, tenía un don innato de la autoridad que a nadie se le hubiera ocurrido jamás cuestionar, pero su llegada al banco era demasiado reciente para que no se le considerara de fuera de la casa. Durante años había sido el cordón umbilical que unía la institución con el mundo exterior, que le respetaba y recordaba su buen hacer en la cátedra. Exageraba su carácter altivo y displicente, pero no le importaba manifestar en público su profundo efecto y respecto por el inspector general, al que había perdonado superarle en casi veinte centímetros de estatura.

Don Alfonso del Corral era el director general de Inversiones. Sabía la historia inédita de las grandes fortunas y empresas del país. A casi todas ellas las había salvado en una u otra ocasión de la catástrofe. De él dependía la concesión de un crédito de dos millones de pesetas para una pareja de recién casados o un crédito de dos mil millones de pesetas para un consorcio aceitero. Era el activo del banco. Todo el lado izquierdo del balance a fin de ejercicio. Desde hacía más de veinte años, no había dejado un solo día de comer en el restaurante con los directores financieros de las grandes empresas y su piel oxidada había encajado el golpe y la corrosión de tanta proteína y vino de Rioja. Podía enfurecerse de repente y chillar como un hurón, sin que nadie se llevara a engaño sobre su carácter bonachón y generoso. El año 1973 le pilló ya con más de sesenta años y, en el primer fragor de la batalla de la reconversión, abdicó humildemente porque ni podía entender —según él— lo que estaba ocurriendo en el mundo de la política, las impertinencias de la autoridad monetaria que ponía en marcha, con una energía recién estrenada, el control de la oferta monetaria, ni las bancarrotas insospechadas de sus grandes amigos y clientes de toda la vida, ni la crispación que se apoderaba del banco, ni la llegada de jóvenes de Harvard que irrumpían pisando fuerte en los pasillos silenciosos, ni la muerte de tantos amigos de infancia. Tenía ganas de retirarse definitivamente a su casa de campo y conservar sólo su puesto en el Consejo de Administración del banco filial. Pero, por devoción al banco en el que había pasado toda su vida, estaba dispuesto a apechugar todavía unos meses hasta que las cosas volvieran a su sitio. Y el resto del Comité de Dirección confiaba en que su musitar ensimismado la mayor parte del tiempo pudiese dar lugar alguna que otra vez a la chispa fugaz que alumbrara la sabiduría depositada en el recuerdo.

Don Juan Hervás, de parecida edad, era el Pasivo. Él fijaba los cupos de depósitos que los directores de sucursal debían rescatar del proceso productivo, cuando había una buena cosecha, cuando caía la lotería en un pueblo, cuando la exportación de zapatos, avellanas o naranjas se traducía en saldos líquidos, cuando las grandes zonas industriales del país enloquecían financiando proyectos de inversión a los que don Alfonso del Corral había dado el Visto Bueno y para los que hacía falta movilizar el pequeño ahorro de Galicia, Canarias o Andalucía. A don Juan Hervás le unía una vieja amistad con el presidente del banco. Sabía de música y no era difícil verle en los conciertos del Teatro Real; era el miembro más refinado, meticuloso y educado del Comité de Dirección. No tenía ninguna duda de que todos aquellos cambios repentinos que se cernían sobre el país y el banco constituían una catástrofe llena de malos augurios. La empresa funcionaba gracias a unos resortes íntimos que se habían tensado excesiva e inútilmente, con grave perjuicio para la estabilidad de las instituciones y el sosiego de las personas. Era obvio que don Juan Hervás acabaría teniendo razón, con una sola salvedad: la crisis no era el resultado de los cambios que estaban a punto de impulsarse, sino el subproducto inevitable de no haberlos iniciado diez años antes.

Y luego había, con veinte años de distancia, un representante de las generaciones jóvenes, que dirigía, lógicamente, la parte internacional del banco. Los sistemas de contabilidad no estaban a punto de aquilatar con certeza la verdadera aportación al beneficio global del banco de las actividades exteriores. Pero los cálculos menos estrafalarios apuntaban hacia un diez por ciento. El director del Area Internacional tenía menos de cuarenta años, era agresivo, inundaba al consejero director general con papeles cortos con las cifras necesarias. Todas las desviaciones tenían una explicación clara que se nutría casi siempre en el pasado remoto y convencional de la institución. Formaba parte de una generación que había asimilado el estilo de la modernidad sin tener la oportunidad de haberse formado en doctrinas y talantes muy distintos de las generaciones anteriores.

La sociedad española, sorprendida por la crisis, buscó frenéticamente a su alrededor a los hombres nuevos capaces de manejar el instrumental en uso en otros países; ante la nueva situación, se revolvió y aupó a puestos de responsabilidad a toda una generación que se les parecía como una gota de agua se parece a otra, salvo en la edad. La mayoría de ellos se convirtieron en verdaderos secuestradores del cambio. El inicio de los procesos reales de modernización debió esperar a que la toma colectiva de conciencia de la necesidad de superar la crisis alterara los procesos de formación interna, asimilara las enseñanzas impartidas en centros especializados del extranjero y alcanzara la situación de disponibilidad otra generación que no podía haberse improvisado. No hay ningún sustituto a hacer las cosas bien y nada puede reemplazar la experiencia propia. Los hombres y mujeres preparados para impulsar los procesos necesarios de modernización están accediendo ahora a sus puestos de responsabilidad y el país ha debido esperar en el vacío los diez años necesarios para la formación de sus nuevos protagonistas.

Don Ignacio Alegrí asistía a las reuniones, no porque tuviera la categoría exigida, sino porque era el único para quien el balance no tenía secretos, en su calidad de jefe del Departamento de Contabilidad. Ignacio escuchaba resignadamente todas las teorías sobre la necesidad de desestacionalizar las series estadísticas del pasivo con el método X-11, de prever los flujos de caja con los sistemas econométricos de Bob Jenkins, la urgente necesidad de que las propuestas de crédito para grandes inversiones se completaran con estudios de viabilidad de proyectos, la aplicación de los criterios de localización industrial a la ubicación de sucursales, el cálculo del riesgo en el crédito a particulares por métodos objetivos, como el *credit scoring*, susceptibles de codificarse y manipularse con el ordenador, la concepción de un árbol de beneficios que permitiera detectar fehacientemente la contribución de cada unidad de gestión al beneficio global, la planificación de los recursos humanos, el afianzamiento de la imagen del grupo que comportaba la introducción de botones en la solapa para los conserjes, la reimpresión de los membretes de todas las propuestas y documentos utilizados por los doce mil funcionarios del banco y los letreros iluminados en las fachadas de todas las sucursales. Escuchaba con paciencia, consciente de que tarde o temprano terminarían los discursos y el presidente recurriría a él, porque era el único capaz de suministrar el beneficio necesario para el corto plazo. Un ajuste fiscal —siempre dentro del margen que dejaba la observancia más estricta de la normativa legal—, un cambio en las periodificaciones, en las tasas internas de retribución de los saldos en la cuenta central, podrían hacer más por el beneficio necesario para cumplimentar la política de capital con la que se había comprometido el presidente del banco frente a los accionistas y a la opinión pública que todos los descubrimientos milagrosos y cuentos de la lechera propalados por los responsables del Activo, del Pasivo, de los Medios y del Área Internacional. El contable general del reino era la última puerta en el túnel de la esperanza. Ignacio Alegrí era otro gran profesional de la contabilidad y, como gran certificador de última instancia, aceptaba benevolente incorporar a su lenguaje centenario los vocablos como «*gap*», «*stocks*» o «flujos», siempre y cuando no interfirieran en la elaboración de la verdad: el balance confidencial que debía reflejar con pulcritud exquisita los movimientos del patrimonio del banco para la autoridad monetaria.

La crisis industrial que afectaba directamente a las empresas, y la introducción en 1973 de la observancia del coeficiente de caja diario como instrumento del Banco de España para intentar hacerse con el control de la oferta monetaria, sometieron a los equipos directivos de los grandes bancos españoles a profundas tensiones. La edad, el cansancio —«estoy cansado, estoy muy cansado»— y, en algún caso aislado, los propios errores, quemaron en el fragor de la batalla a estos grandes profesionales de otras épocas.

Hasta 1973, las grandes empresas españolas habían vivido con la misma despreocupación con respecto al futuro de que dan pruebas los ciudadanos en su vida normal. Los sistemas educativos han despreciado siempre el estudio del futuro como si la línea divisoria del análisis científico pasara terminantemente por el presente. Las elucubraciones sobre los próximos doce meses o los próximos doce años han sido el monopolio tradicional de los videntes, astrólogos o contadores de la buena ventura. La introducción de la planificación del futuro en las vidas personales de las gentes contribuirá un día a reducir sus angustiosos niveles de incertidumbre, pero se trata de una tarea que puede esperar el paso del tiempo, sin precipitar la vida cotidiana en cataclismos inesperados. Con las empresas ocurre todo lo contrario. La supervivencia misma de un proyecto empresarial depende de que sus directivos no descubran en el último trimestre del año que serán incapaces de suministrar el beneficio al que habían supeditado su credibilidad y solvencia.

El análisis del futuro absorbe ahora un porcentaje de tiempo igual o superior al análisis de las desviaciones incurridas en el pasado. Y, no obstante, a mediados de la década de los sesenta, se contaban con los dedos de una mano los grandes proyectos empresariales que conformaran su actividad a la planificación más sencilla. La banca, en particular, no había sentido nunca la necesidad de hacerlo. «Se sabía —dijo Jey Forester, del Instituto de Tecnología de Massachusetts— que aquella década era similar al período 1930-1945: estaba claro que todo cambiaría a partir de entonces, pero no sabíamos cómo.»

La opinión pública, lógicamente, se encontraba dividida. Por un lado, los pesimistas, obsesionados por el desempleo generado por los sectores en declive, los mal llamados sectores crepusculares. Por otro lado, los optimistas, obsesionados hasta la euforia por los recientes avances tecnológicos y el despertar de nuevos sectores punta: informática, biotecnología, telemática, robótica.

André Gide decía que el género humano se divide en crustáceos y sutiles. El rasgo básico que define a los crustáceos es su incapacidad para imaginar el futuro. Para ellos, la única manera de visionar lo que va a ocurrir en los quince años que quedan para el año dos mil consiste en extrapolar la miseria actual. Y esta característica se da en todas las generaciones: se puede constatar en personas de cincuenta años que, acosadas por la lucha cotidiana, han abdicado de sus responsabilidades para incidir en el cambio social, o en esos jóvenes estudiantes de biología que se anticipan a sí mismos un futuro sin trabajo, simplemente porque ahora, en estos momentos, la mayoría de los biólogos están parados.

La primera condición para prever el futuro —y sólo anticipándolo se puede uno preparar para él— consiste en rechazar la creencia generalizada de que será una prolongación del presente, un reflejo más o menos exacto de las duras condiciones actuales. El futuro en ciernes será distinto y lo será muy especialmente para un país como España que está a punto de abrirse decisivamente al exterior y para el que ha sonado definitivamente la hora de reformas profundas.

¿Qué factores precisos obligan ahora a revolucionar los métodos de gestión y a conferir al estudio del futuro un peso específico tan importante? La crisis industrial que arreciaba en el mundo occidental era la amenaza genérica que parecía afectar a todos por igual. Pero existían otros factores más específicos del negocio bancario: la irrupción de nuevos intermediarios en el mercado financiero tendía a reducir la parte correspondiente a la banca comercial del total de activos y pasivos del sistema, el encarecimiento progresivo de los recursos obtenidos por la banca comercial, por el debilitamiento relativo de los depósitos a la vista en relación a los depósitos a plazo, los cambios que se producían en el negocio bancario respecto a tipos y plazos de crédito del típico descuento comercial, el estrechamiento de los márgenes de beneficio provocados por la propia evolución de la banca y el creciente control que de la oferta monetaria ejercían las autoridades con vistas a una mayor eficacia de las políticas de estabilización.

Las razones apuntadas exigían afinar de modo creciente la explotación de los recursos disponibles, y, sobre todo, mejorar los mecanismos de coordinación. Mediante la planificación se intentaban llenar estas exigencias: estableciendo los mecanismos adecuados para que el banco pudiera elegir los objetivos a corto, medio y largo plazo en función de la evolución del medio y de su ventaja comparativa, asegurándose de que la organización se encaminaba a los objetivos fijados y que la actividad cotidiana era el resultado del planteamiento adoptado por el banco en su conjunto y no de los objetivos de cada departamento o tipo de actividad.

La banca se vio obligada a introducir el control de gestión, que ya había hecho sus pruebas en el sector industrial. Se trataba de utilizar también allí la contabilidad analítica, el control presupuestario y la incorporación de las organizaciones regionales a los mecanismos de planificación. Con la introducción de la contabilidad analítica, los bancos podrían, por primera vez, responder con mayor premura y exactitud que en el pasado a preguntas como cuál es el coste exacto de mantener un saldo determinado en cuenta corriente, o cuál el coste promedio de efectuar un préstamo o descontar papel.

Por último, había que reforzar los mecanismos de *marketing* y búsqueda de nuevos servicios mediante estudios sistemáticos de la clientela, y de la evolución probable del negocio bancario. En 1973, ningún banco español conocía, a pesar de las frecuentes afirmaciones en sentido contrario, las características de su clientela:

clase social, edad, niveles de renta o preferencias en la utilización de servicios bancarios.

Una de las innovaciones en materia de gestión aportadas por la banca española en el fragor de la crisis fueron los presupuestos mensuales de inversiones que, partiendo de la actitud previsible del Banco de España y de la propia posición de tesorería del banco, intentaron adecuar mensualmente por primera vez los objetivos cuantitativos del plan anual.

La confección del presupuesto mensual entraña cierto grado de sofisticación en materia de sistemas de gestión e informática: rapidez en la disponibilidad de los saldos de acreedores e inversiones del mes anterior —demasiado a menudo las instrucciones a las distintas sucursales se lanzan cuando ha transcurrido ya una decena del mes presupuestado—; los programas de ordenador deben dar cuenta de los vencimientos que tendrán lugar a lo largo del mes en cada una de las regiones, de manera que pueda calcularse el volumen de descuentos y créditos necesarios para que se produzca un aumento o disminución de la financiación suministrada en términos netos. En definitiva, el presupuesto mensual es el subproducto de barajar la posición actual de tesorería del banco, la transposición mensual de los objetivos anuales y el posible impacto de factores externos como índices de actividad económica, demanda estacional de dinero y perspectivas en el mercado.

Gracias a la introducción de los presupuestos mensuales de inversión en la mayoría de los bancos comerciales españoles —un instrumento prácticamente desconocido a comienzos de los años setenta[*] en la banca europea—, se pudo mejorar de manera radical el manejo de la liquidez bancaria. No obstante, no deben subesti-

---

[*] Probablemente, porque también eran desconocidas la brusquedad y la frecuencia de los virajes impuestos por la autoridad monetaria en España con relación a Europa, al abordar el objetivo del control de la oferta monetaria en sus fases iniciales.

marse los traumas y distorsiones que la imposición de esas técnicas presupuestarias más o menos sofisticadas implicaron tanto para la organización regional y a nivel de sucursal del banco, como para los propios clientes. Es muy probable que los esfuerzos, a veces desgarradores, para ajustarse a las normas presupuestarias en materia de inversiones sólo se justifiquen en condiciones de crisis agudas o de grave escasez de recursos monetarios. En otras fases del ciclo —con excedentes de liquidez—, el mismo instrumento podría resultar peligroso, puesto que su cumplimiento a toda costa induciría al banco a asumir riesgos no justificados desde el punto de vista de la solvencia.

Una ventaja inesperada de la introducción de los presupuestos mensuales de inversiones fue el replanteamiento forzoso, a que obligó, de los sistemas internos de incentivos y cómputo, de los beneficios por segmentos geográficos y actividades. De cara a los próximos años, ésa habrá sido la mejor herencia legada por los presupuestos de inversiones a los futuros gestores de la banca: de manera gradual, a medida que se iban introduciendo las técnicas presupuestarias en los distintos bancos comerciales, aparecía claramente la contradicción entre, por una parte, un sistema que intentaba controlar mediante limitaciones presupuestarias el nivel de crédito concedido y, por otra, un sistema de cómputo de beneficio a nivel de sucursal, en donde precisamente el volumen de crédito acordado resultaba ser la fuente principal de beneficio. En otras palabras, los departamentos de planificación y los de contabilidad se neutralizaban mutuamente en detrimento de la situación de liquidez del banco y de los objetivos de la política monetaria.

Sucede que al efectuar los trabajos preliminares para la planificación, el beneficio proyectado en base a los niveles de actividad, rendimientos y productividad estimados para los próximos doce meses, está netamente por debajo de lo que se requiere para financiar la política de capital asumida por el banco. La solución inicial al problema suele ser la de aumentar la rentabilidad de un producto particular, como pueda ser el descuento comercial para el que se calcula el rendimiento neto mediante programas de ordenador que lo fijen por cliente y en promedios por sucursal. Gracias al programa, cada director de sucursal puede saber, en la primera semana del mes siguiente, la rentabilidad promedio que tiene este producto y las diferencias que comporta la comparación de cada cliente con el promedio y con el objetivo fijado. En la práctica, por supuesto, los distintos planes de acción no pueden ponerse en marcha sin calibrar primero su adecuación necesaria al marco de las condiciones generales vigentes en cada momento, y a las restantes facetas de la relación del cliente con el banco. El problema está en que una vez iniciado el proceso de medir la contribución neta de un producto a los resultados globales del banco, resulta perentorio desarrollar un sistema que pueda medir la contribución total del cliente.

El peligro de fijar un objetivo de rentabilidad a un tipo específico de actividad sin consideración de las relaciones globales del cliente con el banco (tales como la existencia de saldos compensatorios o de negocio extranjero), radica en que la institución financiera que así actúe puede encontrarse desplazada por las fuerzas del mercado. Aumentar la rentabilidad del descuento comercial, en base a una estimación errónea de la tendencia futura de los tipos de interés, acabará teniendo idéntico efecto negativo sobre los niveles de actividad y rentabilidad del banco que el aumento de la rentabilidad de un producto determinado sin haber calculado previamente, o haberlo hecho erróneamente, la rentabilidad global del cliente. De ahí que, como la cereza que al tirar de ella arrastra en ramilletes las otras cerezas de la cesta, la introducción del cálculo de rentabilidad de un producto aboque inevitablemente al cálculo de la rentabilidad global del cliente; de la misma manera la introducción del presupuesto mensual de inversiones condujo inevitablemente a reconsiderar el cálculo de la contribución de cada sucursal al beneficio global del banco.

Los bancos comerciales españoles están lejos de haber conseguido sistemas racionales y eficaces para medir la contribución a los beneficios de cada segmento de actividad. Por racionales y eficaces se entiende, en este caso concreto, que el sistema de medición permita detectar y diferenciar la contribución al beneficio global de la actividad captadora de depósitos por una parte y de la actividad prestamista por otra.

En definitiva, se trata de transformar un sistema contable que mide el beneficio de manera muy deficiente en un instrumento de gestión que permita asignarlo allí de donde en realidad procede, para revisar o consolidar, en consecuencia, las decisiones de política y estrategia bancaria.

Aunque todavía abundan los directivos para quienes el análisis del balance producido por los departamentos de contabilidad sigue siendo el único instrumento básico y comprensible para dar un salto hacia el futuro, lo cierto es que los nuevos instrumentos de gestión han ido demostrando, paulatinamente, que son imprescindibles para que el salto, en lugar de darse hacia el futuro, no se dé en el vacío.

Uno de los obstáculos mayores a las reformas de las técnicas de dirección, no sólo en el sector bancario, sino en todos los procesos productivos, fue la desvinculación total entre lo que ocurría en el microcosmos de las empresas y la manera de percibir la crisis a nivel nacional por parte de los gobernantes y el resto de la opinión pública. Los errores de planteamiento global reducían los esfuerzos de los escasos innovadores en el ramo de las empresas a un intento fugaz de mantener el beneficio esperado, en lugar de un proceso solidario de adecuación a los profundos cambios ocurridos en los sistemas productivos que la crisis ponía de manifiesto y que los portavoces oficiales no asumían. La ausencia de un verdadero proceso de reflexión colectiva sobre las causas concretas de la crisis que sean comprensibles para los agentes económicos inmersos en los procesos de producción sigue vigente.

El débil debate sobre el contenido de la crisis económica recuerda uno de los pasajes más lúcidos de Henrik Ibsen: «No se trata solamente del legado de nuestros antepasados, sino de la sombra de ideas, opiniones y convicciones muertas. Ya no existen, pero siguen atenazándonos en contra de nuestra voluntad. Me basta con abrir un periódico para ver fantasmas flotando entre líneas. Esos fantasmas acosan a todo el país. Y hay tantos y tan apretujados que forman una niebla impenetrable».

El verdadero contenido de la crisis actual ha estado oscurecido por tres factores principales: se ha dado una importancia excesiva al tema de la crisis energética, como desencadenarte y motor de la crisis económica. No es cierto que la crisis energética haya sido el factor decisivo de la depresión que ha durado tantos años en el mundo occidental. Como se explica después, tuvieron tanta o mayor importancia los cambios que gradualmente tomaron forma en los procesos de producción en la década de los sesenta.

Otro factor que ha oscurecido el contenido de la crisis ha sido, por supuesto, la manipulación indebida del concepto de crisis mundial. Se ha olvidado que los déficit de unos países son, por las exigencias de la contabilidad de partida doble, la contrapartida de los excedentes de los demás.

Y, luego, por supuesto, el contenido de esta crisis ha quedado oscurecido también por la esterilización del debate económico en virtud de la pequeña falacia, que consiste en decir que en una situación como la actual no existe alternativa económica. Se trata de un supuesto muy difícil de aceptar para un economista, porque, en definitiva —como se apunta en el capítulo siguiente al valorar el período de transición—, la política económica es un ejercicio de combinatoria: una mezcla en intensidades y componentes distintos de instrumentos, como la política de balanza de pagos —¿qué hacer con los aranceles o el tipo de cambio?—, de la política industrial —¿en qué grado se deja al mercado o al intervencionismo estatal la asignación de estos recursos?—, de la política monetaria —¿en qué grado se intenta controlar la cantidad de dinero o los tipos de interés para incidir en los componentes de la renta nacional?— y de la política fiscal básicamente —toda la gama de matices que permite la política recaudatoria y gasto público—. Como es obvio, caben múltiples combinaciones de estos instrumentos. No sólo es incorrecto decir que no hay alternativa alguna a la política económica de un momento dado, sino que es preciso recordar que existen siempre varias alternativas.

A continuación se sugiere que el verdadero contenido de la crisis actual pasa por coordenadas distintas. Los retrasos en el proceso de modernización de España deben imputarse a carencias profundas en las técnicas de dirección de los procesos de producción de bienes y servicios. Se están cometiendo distorsiones graves en la asignación de recursos humanos, en unos momentos en que la nueva economía —al contrario de la economía convencional— ha reservado a la política de recursos humanos un lugar de privilegio entre los factores responsables de los aumentos de productividad.

Hacia 1970 afloran una serie de cambios importantísimos en los procesos de producción. Son estos cambios, y en modo alguno la crisis energética, los que explican el contenido de la crisis económica que aún se está atravesando. ¿Cuáles son esas transformaciones?

En primer lugar, se produce una especialización creciente y acelerada de la producción: ya no basta con fabricar aceros, sino que la competencia de los países emergentes del Tercer Mundo obliga a fabricar aceros especiales.

En segundo lugar, la producción, que antes era de largas series, se está orientando cada vez más, o en una proporción creciente, hacia las necesidades específicas de cada consumidor. Dragados y Construcciones fabrica hoy en España plataformas marinas que cuestan miles de millones de pesetas, para un cliente específico, en un mar determinado; los astilleros españoles reciben y no pueden cumplimentar pedidos de barcos especiales hechos a medida de clientes, sometidos a condicionamientos de precio y distribución de carga en virtud de fletes ya concertados. Se produce, en términos generales, una orientación de la producción a las necesidades particulares del cliente.

Por último, es preciso aludir al contenido tecnológico creciente de la producción. Todo ello desemboca en necesidades profundas de formación de la mano de obra. Donde antes bastaba la mano de obra no cualificada, hoy se requiere un grado de sofisticación cada vez más complejo. Donde antes era preciso compartimentar y subdividir, hoy se requiere integrar y coordinar. El gran obstáculo a este proceso yace en la naturaleza relativamente inmóvil de los recursos humanos en el planeta, comparado con los recursos financieros. De ahí que las inversiones en formación, conocimientos y trabajo en equipo se hayan transformado en factores decisivos de los niveles de bienestar.

Ante estos cambios, experimentados por los procesos de producción, la estructura productiva española reacciona tarde y mal. Incluso los nuevos intentos de liderazgo económico se empeñan demasiado a menudo en profundizar en unos métodos de dirección que incrementaron drásticamente los niveles de productividad en el mundo anglosajón en los años sesenta, pero que estallaron por su inadecuación en los años de crisis de la década de los setenta y que generan actualmente desasosiego y miseria cuando se enfrentan con la demanda generalizada de formación que reclaman los nuevos mecanismos económicos.

El contenido de la crisis, a la luz de lo que acontece, es un problema de adecuación a las nuevas características de los procesos de producción. Los españoles se enfrentan con la necesidad de pasar de una economía que estaba fundamentada básica o casi exclusivamente en el control de los costes, a una economía que está basada fundamentalmente en la innovación y en la integración de una serie de tareas que antes se habían compartido. Ésa es la clave del desarrollo futuro y no otra. Se trata, por supuesto, de una interpretación mucho menos financiera o monetaria de lo que está en boga y mucho más cercana al pulso de la economía real.

¿Por qué es tan difícil la adecuación a un contexto de innovación, en lugar de un contexto de producción de procesos simplificados y homogéneos?

En primer lugar, por el tradicional dualismo económico de España. Aquí hay una sociedad preindustrial, agraria, que convive con una sociedad postindustrial, que tiene un orden de prioridades, incluso políticas distintas. A la mitad de España ni siquiera se aplicaron las técnicas convencionales de dirección esbozadas exclusivamente para los largos procesos de producción en serie del sector industrial. Su aplicación tardía conlleva la exigencia de herramientas vinculadas a aquel sistema: cálculo de tasas de retorno interno, organigramas, planificación por objetivos, control de costes y contabilidad analítica en un contexto que ya es el de la innovación, y para el que se requieren no sólo esos instrumentos, sino, de manera más perentoria, otros a los que luego se hace referencia.

Existe un segundo factor que explica la morosidad, el retraso en la modernización y ajuste de las estructuras productivas. Nadie enseñó a los que dirigen esos procesos de dirección, a los empresarios y administradores a innovar; la enseñanza que recibieron estuvo primordialmente orientada al control de costes de los procesos de producción.

En la economía convencional, no se requería, en el mismo grado que hoy, contar con poder de convocatoria para movilizar recursos humanos, técnicos y financieros para impulsar proyectos nuevos frente a las rigideces institucionales y sociales acumuladas. La compartimentación de las tareas permitían las actitudes individualistas y no exigían —como ocurre en el nuevo contexto de las economías de innovación— facultades para trabajar en equipo. Por último, nadie ha enseñado de manera sistemática a empresarios y administradores españoles a correlacionar el cambio individual impulsado en su microempresa con las grandes aspiraciones y transformaciones que se están produciendo en la sociedad en su conjunto.

En la medida en que cada vez era más difícil adecuar las estructuras productivas a las nuevas exigencias de especialización, fabricación a medida y contenido tecnológico más elevado, numerosos empresarios han preferido —en lugar de abordar las difíciles reformas de sus procesos de producción que garantizasen la obtención de beneficios a largo plazo— obtener beneficios a corto plazo por la vía de la simple redistribución de activos ya existentes. Este «capitalismo de papel» improductivo no genera activos nuevos y se aísla cada vez más de los procesos reales de producción. Muchos ejecutivos enfrentados con las incertidumbres económicas y políticas de la Transición han preferido la vía de desprenderse de activos, que hacía falta reconvertir para que fuesen rentables, y adquirir en su lugar activos que ya funcionasen en otros posicionamientos del mapa económico. Por encima de todo, se trataba de no asumir el sacrificio difícil, tedioso y gris de reconvertir la propia empresa.

Las dificultades con que se choca a la hora de modernizar las estructuras empresariales se agigantan cuando se acometen las mismas reformas en los sindicatos y, en mayor medida todavía, en la propia Administración.

Existe otro factor importantísimo que explica las dificultades de adecuación. En las economías de tipo convencional, los procesos productivos eran muy homogéneos. La mano de obra circulaba sin dificultades, del sector agrario al industrial y de éste al sector terciario, gracias al elevado grado de homogeneidad de los procesos productivos. Hoy día, en cambio, un 90 por ciento de los nuevos empleos se generan en sectores altamente tecnologizados y perfectamente diferenciados del resto de la economía; se trata de centros prácticamente inaccesibles a la mano de obra no cualificada. En el nuevo contexto de las economías de innovación, la falta de formación o una formación inadecuada constituye un impedimento a la flexibilidad necesaria del mercado de trabajo, de tanta o mayor envergadura que los factores más comúnmente señalados como políticas salariales o contractuales inadecuadas. La especialización y consiguiente falta de homogeneidad de los procesos productivos ha convertido a los nuevos centros generadores de empleo en verdaderas islas a las que es muy difícil llegar a nado, desde los sectores llamados crepusculares.

Hay razones políticas que dificultan el proceso de adecuación a las nuevas exigencias del mercado. Los sectores crepusculares, que están perdiendo peso específico dentro del total económico, vienen disfrutando del apoyo de los intereses establecidos, mientras que los sectores de futuro no han tenido tiempo todavía de aglutinar, en torno suyo, la fuerza social o política necesaria, para interrumpir la hemorragia provocada por los sectores crepusculares. Como ha demostrado la experiencia reciente de los planteamientos de reconversión industrial del Ministerio de Industria y Energía, la batalla real entre sectores crepusculares y emergentes no refleja, a nivel político, la correlación de fuerzas actual, sino la del pasado.

¿Cuáles pueden ser los puntos de apoyo previsibles del futuro proceso de modernización?

Es preciso empezar con el factor más decisivo del retraso en la modernización de las estructuras productivas españolas: las carencias profundas en materia de educación y de formación. Este es, en verdad, el gran «agujero negro», en términos astronómicos, de la economía española. En España, más de un 50 por ciento de las empresas dedican menos de un 0,5 por ciento de su masa salarial a la formación profesional. Es un dato que se compara mal con el promedio europeo, que es del orden del 3 por ciento. En España se puede prolongar interminablemente el debate para saber si la enseñanza del latín y los reyes godos deben correr a cargo del sector público o sector privado, sin que nadie mencione la reforma de los contenidos de la educación, la necesidad, por ejemplo, de incluir la historia de la ciencia y tecnología como asignatura obligatoria en la enseñanza secundaria.

Se cuenta con un sistema educativo que está preparando a

gente para trabajos que ya han desaparecido, para una economía que de verdad ya no es la que era. Deberán impulsarse, por supuesto, cambios radicales en los sistemas educativos, no sólo en sus contenidos, sino en la reinserción de los estamentos educativos en los procesos de producción. No es aceptable, por ejemplo, que en las universidades españolas no existan todavía las instituciones de los *liaison officers*, que tienen en las universidades anglosajonas la función no sólo de estar en contacto con los sectores productivos para buscar trabajo a los futuros diplomados, sino de negociar con los sectores industriales el contenido de las reformas necesarias de los programas educativos, para garantizar la fluidez entre necesidades futuras y formación presente.*

No se podrá prolongar por mucho más tiempo una situación en la que la disponibilidad de recursos financieros para invertir en capital fijo no tiene su paralelo cuando se trata de invertir en recursos humanos. Nadie puede ofrecer a los prestamistas un interés a cargo de su futuro individual más productivo como garantía de un préstamo para formación o aprendizaje. Las puras fuerzas del mercado dejadas a sí mismas conducen a los trabajadores, como a las empresas, a subinvertir en capital humano.

Un contexto de innovación exigirá también reformas profundas en los sistemas participativos, sin cuyo arraigo no hay posibilidad de innovación. En los años ochenta, se da una incoherencia entre el estado que ha alcanzado el desarrollo de las fuerzas productivas y las relaciones de producción que se generan en torno a estas fuerzas productivas: los que tienen el poder de decisión lo detentan de una manera incontestada y, en cambio, los sectores más responsables de los impulsos innovadores en los niveles medios de las estructuras productivas siguen marginados de los meca-

---

* Para analizar con mayor detalle los problemas que plantea la transferencia de tecnología del mundo académico al industrial, véase el capítulo 7: «El futuro más allá de Europa, del liberalismo y de la macroeconomía».

nismos de decisión. ¿Alguien cree de verdad que con las estructuras y funciones actuales de los Consejos de Administración se podrá garantizar la elevación de las cotas de bienestar en economías basadas fundamentalmente en la capacidad para innovar?

Una tercera vía de reforma será la satisfacción de lo que debería llamarse «demanda generalizada de ternura». Desde el momento en que los aumentos de productividad no son el fruto exclusivo del control de costes y jerarquización de los procesos de producción, sino que son el resultado de impulsos de innovación, es obvio que, desde un punto de vista estrictamente económico, existen menos razones que antaño para seguir acosando a los ciudadanos en la medida en que se les acosa en la actualidad. En el nuevo contexto de innovación cobran un realce inesperado instrumentos como el horario flexible, formación permanente, descentralización de los mecanismos de decisión, participación, incentivos orientados no a la recompensa por trabajos ejecutados en el pasado, sino a estimular inversiones en capital humano, que provoquen beneficios futuros.

A todo esto es ajena la situación actual de las relaciones de producción en España, cuyo entramado responde mucho más a lo que Bernard Shaw tenía en mente cuando decía: «Lo que la gente soporta peor no es el odio, sino la indiferencia; es la indiferencia hacia los demás lo que está en la base de la deshumanización o de la falta actual de humanidad».

Capítulo 5
El aprendizaje económico de la Transición

> «The sharp division of labor between ethicists and econo-
> mists in untenable and rests upon the failure of both groups to
> reflect critically upon the presuppositions which underlie
> their respective aproaches to the market».[*]
>
> ALLEN BUCHANAN, *Ethics, efficiency and the market*, Oxford, 1985

Estremece la tenacidad del recuerdo. Como un cable de alta tensión conectado a la red de la memoria, sufriendo las pérdidas de rigor en su largo recorrido a través de las décadas, pero con energía suficiente para visionar las imágenes súbitamente rescatadas.

Los atardeceres de abril en el Bajo Ampurdán me llegaban a Madrid intactos, con toda la musicalidad prodigada por los gorriones arremetiendo contra los laureles y enredaderas en busca del cobijo para pasar la noche: a tan sólo tres horas de que la misteriosa *sibeca* se adueñara con los chillidos del silencio y espacio cuadriculado por tilos, olmos, higueras, acacias, *lledoners* y granados.

En las viejas masías, la lechuza esparce las ergopilas negras como único rastro de su elección de morada: torres o esquinazos abando-

---

[*] «La nítida división del trabajo entre los defensores de la ética y de la economía es absurda. Los dos grupos parten de hipótesis erróneas al analizar el mercado.»

nados. Ella exige para sí la soledad manchada de presencias humanas recién idas. Detesta que a su alrededor circulen especies ajenas, pero el hombre debe haber estado allí, en el curso de los últimos cien años, respirando e impregnando la atmósfera. En el interior de las ergopilas, fabricadas por su portentoso aparato digestivo —como el capullo salivado por un gusano de seda—, yacen los restos óseos de las víctimas sorprendidas en el sueño de la noche: dentaduras, columnas vertebrales y picos de ruiseñores.

En mayo, los ruiseñores protagonizan un espectáculo conmovedor: mientras la hembra incuba en el nido, el macho canta sin interrupción toda la noche con intensidad directamente proporcional al grado de oscuridad. Cuantas menos estrellas y más tenebrosa sea la noche, más penetrante es su canto entrecortado para confundir a la lechuza, haciéndole creer que es de día a pesar de la oscuridad familiar. Posada en la higuera cercana, duda y, entretanto, no arremete como un meteorito invisible sobre su víctima.

En abril, los cipreses han recuperado el verde intenso que veló como un negativo las heladas del invierno. Los almendros han perdido hasta el recuerdo de la blancura que les envolvía apenas treinta días antes y, por una vez, su esqueleto destartalado y extendido casi parece frondoso como un olivo joven. En Madrid, estaba a punto de empezar, como un potro retenido por las riendas, la carrera de la transición política a la democracia.

Con el inicio de la Transición, España parecía estar en el umbral de reunir las tres condiciones que el historiador del arte Kenneth Clark detectaba en la base de todo gran impulso civilizador: un mínimo material que permitía romper el círculo infernal de la pobreza, dosis ingentes de energía en lugar de impulsos meramente contemplativos y confianza en la fuerza de sus propias ideas y valores. Sin embargo, con el transcurso del tiempo, parece obvio que no ha cristalizado todavía el gran impulso esperado.

En la década 1976-1986, a punto se estuvo de lograrlo en lo político. Produce escalofríos, en cambio, contemplar la envergadura y la tenacidad con que han persistido los grandes errores económicos, a pesar de haber contado con tres superministros de Economía, Fuentes Quintana, Abril Martorell y Miguel Boyer, a quienes no tembló el pulso, ni les faltaba personalidad ni, probablemente, ganas de reforma.

Todavía hoy no veo otro profesional de la economía que hubiera podido dirigir, en un período tan crucial como el de julio de 1977-abril 1978, la política económica con mayor posibilidad de éxito. Ninguno parecía tener la valentía de arremeter frontalmente contra los desequilibrios interno y externo que acosaban a la economía española en el verano de 1977, y pocos podían desplegar su poder de convocatoria, en virtud del cual la Administración pudo contar, durante el corto lapso de unos meses, con la ayuda desinteresada no sólo de funcionarios, sino también de profesionales cuyo modo de vida idóneo y destino final no era la Administración, sino el sector privado.

El hecho de que Enrique Fuentes Quintana fuera consciente de la magnitud del problema con que se enfrentaba el país, le hizo ver que ninguna ayuda era superflua y que la política de consenso, que se plasmaría en el Pacto de la Moncloa, era la única salida posible de la crisis, una vez desechada la alternativa de un Gobierno de coalición. La única manera de seguir impulsando el proceso de modernización en aquellas circunstancias consistía en aglutinar los esfuerzos de la inmensa mayoría en torno a un proyecto colectivo y consensuado. Éste fue el gran mérito de los Pactos de la Moncloa, que iniciaron un vía por la que hubiera podido transcurrir el destino inmediato de España, pero que se truncó a partir de 1978, en favor de alternativas aparentemente más perfiladas doctrinalmente, pero carentes de contenido revolucionario. Enrique Fuentes reforzó, en lo económico, en lugar de neutralizarla, la intuición que desde la Moncloa veía en la política de consenso, la única salvación para aquella difícil singladura de la Transición democrática.

En el fondo, lo único que la gente busca es alguna forma o, tal vez, algún simulacro de paz. Y de ahí, la demanda generalizada por un pacto social que elimine incertidumbres y devuelva un cierto sosiego a los empresarios, a los trabajadores y al propio Gobierno.

Es cierto que este tipo de pacto social no es una práctica corriente en los países más avanzados y que sólo recurren a él los países que van de sobresalto en sobresalto, aquellos en que la intolerancia o el dogmatismo generan un nivel de incertidumbre tan acusado que la sociedad entera se ve obligada a reclamar un respiro, una especie de alto en el camino cuando la tensión y el pesimismo se convierten en irrespirables. Entonces, todos aceptan renunciar a la irracionalidad cotidiana y concluir un pacto intermitente. Lamentablemente, es la paz que evocaba un filósofo francés del siglo XVIII: «Las dos partes se ponen de acuerdo de momento porque ninguna se ve con fuerza suficiente para imponer a la otra su criterio, y aceptan el acuerdo hasta que llegue el día en que puedan avasallar al contrario».

A veces, sin embargo, se producen situaciones excepcionales en que el pacto social —e incluso su reflejo a nivel político o gubernamental— son extremadamente útiles. Ocurrió así en Francia después de la segunda guerra mundial. El comienzo de la Transición política en España después del franquismo lo reclamaba claramente. España no era en 1977 un país avanzado ni democrática ni socialmente.

La complejidad de los mecanismos económicos y sociales de un país moderno exigen planteamientos colectivos más que partidistas, por la sencilla razón de que sólo caben soluciones colectivas a esos problemas. Pero estos comportamientos no pueden improvisarse sólo una vez cada cuatro años, sino que debieran ejercitarse los trescientos sesenta y cinco días del año.

Lo cierto es que los verdaderos pactos sociales —los que realmente reducen las cotas de incertidumbre y mejoran los niveles de bienestar de los ciudadanos de los países más avanzados— tienen poco que ver con las vocaciones repentinas de concordancia. «La paz social —decía Kennedy hace más de veinte años— es un proceso cotidiano, semanal, mensual, que modifica gradualmente las opiniones, erosiona con lentitud las viejas barreras para construir directamente en su lugar las nuevas estructuras.»

Cuando un país le pide al presidente de su Gobierno, al presidente de la patronal y a los líderes sindicales que concluyan un pacto social, es que la sociedad civil no está acostumbrada a reconciliarse sola consigo misma, que no dispone de los cauces institucionales necesarios para limar sus divergencias, o que no sabe muy bien lo que quiere.

El día que se acepte la concertación como práctica cotidiana y se creen los mecanismos institucionales necesarios para poder ejercitarla, los grandes pactos sociales una vez cada tantos años serán innecesarios.

En mi libro *La salida de la crisis* abundé en algunos de los puntos débiles de aquel primer programa de saneamiento, básicamente un cierto tremendismo económico,[*] así como el haber subestimado el carácter industrial de la crisis frente a consideraciones estrictamente financieras y su desproporcionado impacto en los niveles previsibles de desempleo. Fuentes Quintana abandonó el timón de la política económica en abril de 1978.

Si Enrique Fuentes Quintana simbolizaba el academicismo económico, Fernando Abril Martorell era la antieconomía. Primero aceptó humildemente las sugerencias que los economistas le hacían en el sentido de que la identidad contable reflejada en el balance consolidado del sistema bancario permitía interpretar lo que realmente ocurría en la economía real y hasta manipularla. La ecuación Activos Internos Netos = Pasivos en circulación-Reservas internacionales presidió la política económica ante el escepticismo creciente de los propios economistas que habían explicado aprisa y corriendo el

---

[*] «Es cierto —me confirmaría después Enrique Fuentes—, pero la culpa no fue mía, sino del Banco de España y de las rigideces de la propia gestión del sistema bancario.»

balance simplificado y consolidado del sistema bancario a la nueva clase política, empresarial y a más de un presidente de banco. Aquella tentativa de interpretación ofrecida desde la duda metódica, y conscientes de que no iba más allá de una mera identidad contable, fue asumida como dogma político. Gradualmente, la ciencia económica dejó de ser en España una hipótesis conceptual para interpretar la complejidad de los fenómenos reales y se transformó en dogma por cuyo rasero debía ajustarse una sociedad explosionada por el cambio.

El pragmatismo del vicepresidente económico le había convencido ya, poco antes de dimitir en septiembre de 1980, de la futilidad de recurrir a esquemas doctrinales simplificados para interpretar la realidad económica. Y decidió afrontarla caso por caso, apoyándose en sus dotes negociadoras individuales en lugar de las doctrinas económicas. Resultado: en febrero de 1980, el Estado se hace cargo de Altos Hornos del Mediterráneo, pocos días después es incautada HYTASA, Minas de Figaredo y un largo etcétera. La sustitución de la ciencia económica por las negociaciones caso por caso condujo a una oleada nacionalizadora de pérdidas y apoyos estatales.

A determinados sectores empresariales les encantaba que la política monetaria hubiera perdido definitivamente su propia razón de ser: el carácter indiscriminado en virtud del cual cuando los tipos de interés, suben o bajan lo hacen frente a todos por igual. Pero los sectores convulsionados por las incertidumbres del cambio reclamaban un golpe de timón.

Para entonces habían aflorado ya —a veces con enorme rudeza— todos los antagonismos que generaba el trabajoso aprendizaje de inventar un sistema moderno de relaciones entre los sectores económicos y la Administración del Estado en el nuevo escenario democrático.

Durante el franquismo, los orígenes militares del Régimen habían mantenido, para las grandes cuestiones de Estado, una serie de condicionantes éticas y litúrgicas que no era sabio vulnerar.

Una vez garantizados los valores supremos de la defensa de la patria o la perdurabilidad del Régimen mismo, la Administración cotidiana del interés público se acomodaba fácilmente con la tutela y defensa de intereses sectoriales. Los distintos sectores económicos encontraban en el Ministerio del ramo una colaboración leal que hacía prácticamente innecesaria la compleja tarea de generar un estado de opinión favorable hacia sus intereses en la rama legislativa del Estado.

Con el inicio de la Transición política en 1977, los sectores no estatales de la economía toparon por primera vez, en los despachos oficiales, con funcionarios que, no contentos con anteponer la defensa de su propia concepción de los intereses nacionales frente a los intereses sectoriales, deslindaban con una meticulosidad y pulcritud ostentosa la acción del Estado y la consecución del beneficio privado. Los miembros de la alta Administración del Estado en el Ministerio de Industria, Hacienda o Exteriores se veían en la obligación, estimulados por la incipiente ética de la Transición política, de reafirmar ante los ojos atónitos de los agentes económicos que los resortes del Gobierno sólo se accionarían en función del interés general y no para proteger los activos de los accionistas en el sector siderúrgico —que como en el resto de Europa reclamaba su reconversión—, del sector eléctrico o de los exportadores.

Al iniciarse la Transición política, la Administración Pública hizo gala de una actitud rupturista que no coincidía necesariamente con una concepción moderna de las relaciones entre Gobierno y sector privado, que sumió a los agentes económicos en el desamparo y nutrió la oposición y posterior acoso de las incipientes organizaciones patronales a los gobiernos legítimos de la nación.

Era obvio, no obstante, que la defensa del interés nacional ni pasaba invariablemente por la defensa a ultranza de los intereses sectoriales en juego, ni coincidía con la concepción hierática y decimonónica manifestada por los cuerpos de la alta Administración del Estado. Haría falta redescubrir, estimular, y luego consolidar, actitudes más adecuadas por ambas partes a la necesaria fijación de los objetivos de la política gubernamental, de manera que no fuera incompatible con la incentivación de un sector privado al que se involucrara en el aumento de los niveles de productividad y bienestar.

La falta de diálogo de los agentes económicos con la Administración, que había dejado de ser la pura emanación de los intereses sectoriales para convertirse en gendarme irritante, particularmente en el terreno fiscal, y receloso de que el ejercicio del poder amparara la generación de beneficios privados, indujo rápidamente a los sectores afectados a desencadenar acciones compensatorias en un escenario relegado al ostracismo durante el franquismo: el Congreso de los Diputados. A los vicios iniciales de las relaciones o falta de relaciones entre administradores y administrados, se sumarían ahora las imperfecciones de una interferencia —básicamente por la vía de la financiación de los partidos políticos— con los programas y voluntades de los representantes legítimos del pueblo soberano. Grupos de intereses económicos iniciaron la moda de imponer hombres de paja en las listas de los candidatos, organizaciones territoriales intentaban vetar el acceso a las listas electorales o a carteras ministeriales de personalidades sospechosas, y el país en su conjunto se esforzaba inútilmente por articular unos mecanismos de decisión que estuvieran a medio camino del despotismo ilustrado o el anacrónico clientelismo político. La ausencia de tradiciones establecidas, la desorientación generalizada, las carencias estructurales de los partidos políticos y del propio sistema electoral se conjuntaron para impedir el ejercicio normal del poder justo.

Una reforma de los mecanismos decisorios que esté en consonancia con las exigencias de la vida actual, exigirá reformas profundas en las tres esferas de la Administración Pública, de la organización y representación de intereses sectoriales y de los propios cauces electorales que impiden ahora la cristalización de los esfuerzos colectivos necesarios para sobrevivir como nación en un contexto de competitividad exacerbada.

La Administración Pública ya no puede seguir pretendiendo que es la única depositaria del interés colectivo y la única en saber de antemano cómo se satisfacen los intereses legítimos de los ciudadanos.

En la sociedad civil, por contraposición al Estado, se utilizan recursos y esfuerzos ingentes en la delicada tarea de detectar con precisión el contenido de las necesidades cambiantes. El lanzamiento final de un producto al mercado no es más que la culminación de un proceso diligente que comenzó con pormenorizados estudios de mercado para descubrir el tipo de necesidades no satisfechas que el nuevo proyecto o producto podrían colmar. Las conclusiones de los análisis de mercado continúan, en forma de experiencias piloto, localizadas en un segmento local o regional que permitan incorporar a los procesos de fabricación las modalidades de las reacciones de la muestra de consumidores. En la economía moderna orientada a la fabricación a medida y altamente especializada, los procesos estrictos de producción no constituyen más que la componente ínfima de un largo proceso participativo y de reflexión colectiva.

Frente a este modelo real y perfectamente visible para los ciudadanos de la toma de decisiones, el Estado aparece como la antítesis anacrónica de un ejercicio del poder irreflexivo y discriminatorio en el que la fase de auscultación y detección de las verdaderas necesidades de sus súbditos constituyen una parte ínfima y a menudo inexistente del proceso de decisiones finales. El Estado decide, en contraposición frontal a lo que es la experiencia colectiva en la sociedad civil, cambios fundamentales en la política fiscal que incidirán de manera insospechada en los comportamientos del ahorro, alteraciones drásticas en los sistemas de pensiones sin saber las reacciones finales de los pensionistas afectados, cambios repentinos en los sistemas educativos sin haber auscultado suficientemente al cuerpo social ni aquilatado sus efectos a largo plazo.

Es urgente iniciar las transformaciones necesarias para que se pueda pasar de una situación, en la que el Estado no pregunta —por su condición de servicio público—, a otra en la que el Estado pregunta para no quebrantar el interés colectivo. Cuarenta años de régimen autoritario han sedimentado una concepción arcaica de la convivencia colectiva en la que el ciudadano solicita y el Gobierno decide, el ciudadano financia y el Gobierno transfiere recursos a la producción de bienes y servicios ni demandados ni requeridos. Frente a la creciente reflexión aplicada a la toma de decisiones que permiten las nuevas tecnologías y la proliferación inusitada de los mecanismos participativos en la vida real, el Estado aparece como el único agente capaz de actuar de manera aislada, súbita, por cuenta de sus propios y exclusivos intereses y capaz, además, de hacerlo brutalmente.

Cuando a la permanencia de los viejos reflejos del ejercicio del poder se une la sanción de la legitimidad democrática que le confiere la prueba parlamentaria, los efectos son igualmente perniciosos para la sociedad en su conjunto, con la única diferencia de que cada solución parcial se convierte en decisión final e inapelable. Es preciso adecuar la toma de decisiones en la Administración Pública a los nuevos parámetros que ha generado ya en la sociedad civil la innovación social y la intensidad de los mecanismos participativos, impulsados por los avances de la información y el conocimiento.

Tampoco los sistemas de representación parlamentaria en vigor facilitan la consolidación de la democracia participativa. Los diputados elegidos por sufragio universal, en listas únicas y cerradas, deben dar cuenta de sus actos a los estados mayores de los partidos que las confeccionaron y no a los votantes que les eligieron. En la medida en que los actuales sistemas electorales refuerzan los lazos de dependencia de los representantes de la soberanía popular de las oligarquías partidistas, debilitan los vínculos de representación de los votantes. Cada vez que se produce un choque de lealtades entre el partido y los votantes, todos los incentivos implícitos en el actual mecanismo electoral funcionan en detrimento directo de los votantes y a favor del partido. La modernización de los mecanismos de decisión en España exigirán una reforma profunda del sistema electoral que apuntará, con toda probabilidad, hacia sistemas mixtos en los que convivan la representación de los intereses de los partidos con la representación de los intereses de circunscripciones concretas de electores.*

En cuanto a la representación de los intereses sectoriales de tipo sindical o patronal, deberán resistir la tentación —a la que sucumbieron en los primeros años de la Transición— de protagonizar directamente y de incidir frontalmente en la toma de decisiones, en beneficio de los canales indirectos disponibles en las sociedades modernas. La pura agitación política no puede sustituir a la agitación cultural. La creación de doctrinas que terminen influyendo en la opinión pública y en el sentido del voto de los propios electores, junto a la difusión de la información, es hoy una tarea enormemente compleja que requiere instituciones arraigadas en el cuerpo social y la lucha en varios frentes. Es una quimera creer que el futuro político de un país, como la España de este final de siglo, se puede decidir en una mesa de negociaciones tripartita en la que estén sentados representantes del Gobierno y los llamados interlocutores sociales. Estos interlocutores son la sociedad en su conjunto, y la proyección vocacional de las organizaciones patronales y sindicales debe hacerse en mucha mayor medida sobre la sociedad de la que forman parte que sobre el poder político al que la Constitución asigna sus propios conductos de información y reglamentación. La mejora de los mecanismos de decisión en una sociedad así orientada exige, por supuesto, la modernización de los sindicatos y su involucración responsable en la planificación de los procesos de producción, y requiere, obviamente, una mayor imbricación de los sectores empresariales con el futuro de las universidades, de los centros de investigación y de la política científica en general.

* Véase el capítulo 2.

El día 25 de febrero de 1981 fue investido presidente Leopoldo Calvo Sotelo. Hubo un momento en la historia de la Transición española —finales de 1978— en el que se decidió la configuración actual del mapa político y la correlación de fuerzas en presencia. Los sectores más reformistas de UCD —liderados por el propio Adolfo Suárez— acariciaban probablemente la posibilidad de concluir un compromiso histórico con las fuerzas sindicales y el propio Partido Comunista, en virtud del cual quedaba garantizada la permanencia del Centro en el Gobierno de la nación, a cambio de un proceso continuado de reformas de las viejas estructuras económicas y sociales respaldado desde la opinión pública. Las ansias generalizadas de cambio se habrían traducido en votos para el Gobierno en el poder capaz de impulsarlo; el Partido Comunista recibiría la garantía de la puesta en práctica de reformas profundas y un cierto grado de participación, aunque fuera al precio de retrasar la llegada de la izquierda al Gobierno.* No era seguro que la doble tenaza de un partido de centro, empeñado en proseguir por la vía de las reformas y la presencia fortalecida del Partido Comunista, conviniera al Partido Socialista. La presidencia de Calvo Sotelo coincide con el apuntalamiento gradual de la alternativa política opuesta: la no cristalización del compromiso histórico supone el hundimiento electoral de sus potenciales protagonistas y a no muy largo plazo una nueva dinámica política protagonizada por el Partido Socialista y Coalición Popular.

Las decisiones tomadas tres años antes aflorarían con terquedad en 1982: el 23 de mayo, el PSOE triunfa en las elecciones andaluzas; el 27 de agosto, Calvo Sotelo decide disolver las Cortes y convoca elecciones generales, que gana el 28 de octubre el Partido Socialista por mayoría absoluta. Los cambios sociales son siempre el resultado de procesos mucho más largos y graduales de lo que los protagonistas

* Véase el capítulo 6 para identificar las circunstancias concretas de este proyecto político.

de última hora dejan aparentar. «Todas las olas del mar —escribe André Gide en su diario— deben la belleza de su perfil a la retirada de las que le precedieron.»

Con la llegada al poder del Gobierno socialista y de Miguel Boyer al frente de las carteras económicas, se produce un debilitamiento del debate económico como resultado de una actitud inicial de *benign neglect* por parte de los economistas más serios del país. Se considera que la izquierda se ha ganado a pulso la posibilidad de aplicar por fin, y casi por primera vez, su política económica. Nadie le discute al Gobierno el margen de confianza, que, por lo demás, la mayoría absoluta permite garantizar sin necesidad de exigirlo. Al debilitamiento del debate económico contribuye también la singular tesis difundida desde las esferas oficiales en el sentido de que la política económica del Gobierno es la única alternativa posible. Los economistas —como se apuntaba en el capítulo anterior— consienten en olvidar, por un tiempo, sus textos básicos en los que aprendieron que la política económica era un ejercicio de combinatoria, en virtud del cual se mezclan en intensidades y alcances distintos múltiples instrumentos. En cada momento no sólo hay una, sino varias alternativas posibles de política económica.

Para romper las expectativas inflacionistas vinculadas al pasado de la izquierda en materia económica y al propio programa electoral, el Gobierno socialista se vio en la necesidad de comprimir el nivel de ingresos con mayor vigor de lo que habría necesitado hacerlo un partido conservador europeo con credibilidad económica. En estas condiciones, era lógico que se cosecharan los beneficios contabilizados en la lucha contra la inflación y el déficit exterior. Pero ha sido a todas luces una política económica que, al concentrar todos sus esfuerzos en ajustar los salarios y el empleo, ha descuidado la variable fundamental que es la inversión pública y privada. Los resultados futuros actualizados de los proyectos de inversión han superado escasamente las rentabilidades de la deuda pública y se ha transferido estérilmente, al consumo del Estado, sectores en crisis, sector financiero y rentistas buena parte del excedente generado con las sucesivas contenciones salariales.

Tampoco se rompió el convencionalismo del pasado en la utilización de métodos «duros» y «caros» para fomentar la inversión, cuando las alarmantes cifras de desempleo reclamaban tipos de interés menos elevados y nuevas inversiones: subvenciones, transferencias o ingentes compras sin demasiada justificación económica han prevalecido siempre sobre métodos «blandos» y más «baratos», como la organización de la información a los agentes económicos, capitalización de recursos humanos, reducción de incertidumbres o desburocratización de los procesos de acumulación del capital.

Al hacer el balance económico de los últimos diez años, no hay lugar para triunfalismos partidistas de uno u otro tipo. En pesetas constantes, la renta real de los españoles ha permanecido prácticamente estancada. No hay otra prueba de fuego para la política económica, ni índice más incontestable del fracaso colectivo. Haría falta que una nueva generación del 98 estuviera dispuesta a asumir sin paliativos este fracaso colectivo y arremetiera con lucidez, pero sin desánimo, contra los que pregonan éxitos clamorosos de la economía de las cosas muertas, mientras se disparan los índices de desempleo, delincuencia y mendicidad.

Como se sugiere en las reflexiones finales de este libro, es urgente renunciar a las expectativas casi abrumadoras que vienen generando los planteamientos macroeconómicos, globalizantes y omnicomprensivos. El progreso depende en mucha mayor medida de los factores concretos susceptibles de impulsar —al nivel de experiencias locales— el cambio técnico y social.

¿Qué transformaciones están ocurriendo en los procesos de innovación técnica y social? ¿Cuál es la idiosincrasia de los innovadores? ¿Qué condiciones requieren para sobrevivir? ¿Qué zonas oscuras sería preciso que los mejores economistas del país —anclados desde Keynes en la misma roca— intentasen disipar en torno a los cambios técnicos y sociales? ¿Qué puede hacer el Gobierno para impulsar, en lugar de castigar, a los nuevos emprendedores?

La alternativa a la política económica de los últimos diez años no es tanto un cambio de estrategias e instrumentos —aunque, como se sugiere a continuación también sea eso—, sino, fundamentalmente, un cambio de escenarios. Los españoles deben reflexionar sobre los nuevos escenarios que encierran la clave de la modernidad: la reforma del contenido y del funcionamiento del sistema educativo, el cambio tecnológico como resultado del proceso de modernización, y no al revés, como se pretende tan a menudo. La extensión de la política científica, la internacionalización creciente de los procesos de producción, el aumento constante de los deficientes niveles de información y cultura técnica. La profundización de los márgenes de libertad en todos los campos, sin la que no arraiga la innovación social, y una cierta reconciliación de los españoles con la variable tiempo. No hay atajos para la modernidad. Una multinacional como Hewlett Packard está cosechando hoy los frutos de esfuerzos embrionarios sembrados en un pequeño taller del Sillicon Valley en los años treinta. A los nuevos escenarios y al comportamiento previsible de los españoles frente a ellos, se alude con cierto detalle después. A continuación —y desde un escepticismo creciente— sigue una breve reflexión de tipo convencional sobre las estrategias que en el campo de la economía han obsesionado a los españoles durante la Transición.

En España, tanto los niveles de desempleo como los de pobreza han alcanzado cifras que —dejando al margen la florida discusión sobre sus niveles absolutos— doblan el promedio de los países comunitarios. Muchos de estos parados no reciben ningún tipo de subsidio de desempleo, particularmente los parados a largo plazo y los jóvenes que acceden por primera vez a la fuerza del trabajo. Por otra parte, el promedio de los subsidios representa sólo una mínima fracción del promedio salarial nacional. Pero estos promedios esconden además desigualdades crecientes: sucede que muchas veces coinciden salarios bajos con el riesgo del paro, y que, aunque la renta nacional siga subiendo, el número de personas que viven por debajo de los mínimos de subsistencia aumenta mucho más. Incluso en Estados Unidos, en donde el desempleo está muy cercano a lo que los economistas llaman la tasa natural, más de un 12 por ciento de todas las familias, es decir, treinta y seis millones de personas, viven por debajo de la línea oficial de pobreza.

El Gobierno socialista no se fijó la lucha contra el desempleo como objetivo prioritario de la política económica. Y mi sugerencia es que ahora, como en 1980, la política económica debía haber intentado compatibilizar intereses y objetivos contradictorios y apuntar a una reducción sustancial del paro, cuyo coste social, en términos de deterioro del *stock* de capital, de la capitalización de los recursos humanos, de los desequilibrios generados en los sistemas de seguridad social, en los índices de delincuencia y en la exacerbación de las bolsas de pobreza, es incalculable.

Si alguien sugiere la puesta en marcha de mecanismos temporales y bien delimitados de tipo expansionista —primordialmente por la vía de un aumento significativo de las inversiones en infraestructuras y desgravaciones fiscales para la inversión privada—, se argumentará que existen tres tipos de factores limitativos responsables de que esta expansión no se refleje en un aumento de la producción y del empleo, y que por el contrario se traslade en un aumento de precios.

El primer factor limitativo es, por supuesto, de tipo real, y se manifestaría en el hecho de que, si se reduce el desempleo por debajo de un determinado nivel, se alimentan las tensiones inflacionistas. Los economistas hacen referencia a la tasa de desempleo que no dispara la inflación, que es la que en realidad fija el límite a los niveles de actividad económica que son sostenibles. El Centro de Estudios de Políticas Europeas de Bruselas ha calculado que esta tasa de desempleo no activadora de la inflación es para Europa del orden del 7,5 por 100 en promedio, comparado con índices del desempleo real del orden del

10 por ciento. La verdad es que cualquier intento de expansión sería efectivamente estéril si existieran los cuellos de botella o estrangulamientos sugeridos. Si estos estrangulamientos son ilusorios, entonces tiene sentido un programa, limitado en el tiempo, de estímulos a la inversión y reducciones de la fiscalidad a los agentes innovadores.

¿Cuáles son los supuestos cuellos de botella? Podría darse una escasez de capital de manera que, aunque hubiera más trabajadores disponibles, no hubiera suficiente capital para ocuparlos.

En segundo lugar, sería posible que los excesos de sobreprotección dimanantes de los sistemas de seguridad social hubieran creado inercias y reticencias en la masa trabajadora o en un sector de ella a la hora de buscar trabajo.

También se ha mantenido que existe un desequilibrio entre trabajadores disponibles y características específicas de los puestos vacantes. Aunque la gente quiera trabajar, surgen fronteras de tipo regional, de formación profesional u otras que impiden simultanear trabajadores disponibles con vacantes de trabajo. Y, por último, podría haber ocurrido que por razones de tipo institucional, el margen de desocupación necesario en una economía para no rebasar un determinado umbral de inflación fuera hoy mayor por razones de tipo histórico, social o institucional.

La hipótesis barajada de una escasez de capital queda descartada sin dificultades mayores en un escenario de permanente infrautilización de la capacidad productiva. Para Europa en su conjunto, en el pasado año la capacidad utilizada era todavía inferior a la de hace diez años. Con esto salta también por la borda, lógicamente, toda la argumentación en torno al desempleo tecnológico en virtud del cual el *stock* de capital requiere cada vez menos mano de obra y, por tanto, utiliza a una parte decreciente del *stock* de recursos humanos, incluso en el supuesto de una máxima utilización del capital disponible. Es obvio que si el capital se hubiera convertido repentinamente en ahorrador de mano de obra hasta los extremos que comúnmente se indica, se habría producido un aumento singular de la tasa de crecimiento de la producción por trabajador, y nada de esto ha ocurrido en los países de la OCDE en los últimos años.

Los otros dos argumentos esgrimidos más frecuentemente como cuellos de botella, que supuestamente impedirían reducir el desempleo aunque se aplicara una expansión limitada en el tiempo, tienen que ver con las supuestas reticencias a buscar trabajo generadas por el rápido incremento que ha experimentado en un país como España el nivel de protección social o la disparidad entre trabajadores disponibles y puestos vacantes. Si esto fuera verdad, lo lógico sería que las estadísticas de vacantes de puestos de trabajo estuvieran por lo menos a niveles normales, y, como es bien sabido, uno de los hechos más sorprendentes de los últimos diez años es la disminución del número de vacantes que para los países europeos, promedio, ha batido todos los récords históricos y para los Esta(Unidos arroja los bajísimos niveles alcanzados en 1960.

No se trata, pues, sólo de un problema de rigideces institucionales en el mercado de trabajo o de reflejos resultantes de una supuesta sobreprotección impulsada por la ampliación de los mecanismos de la Seguridad Social, ni siquiera de una disparidad entre puestos de trabajo y los trabajadores disponibles que no pueden acceder a esos puestos por motivos de deficiencias en su formación profesional u otras limitaciones de tipo geográfico o institucional, sino que, en definitiva y primordialmente, de lo que se trata es que «no hay bastantes puestos de trabajo».

El segundo obstáculo, que se esgrime con mucha frecuencia a la hora de impulsar un programa de expansión controlado en el tiempo y concentrado en inversiones de infraestructura y subvenciones a la inversión privada, es el famoso tema del déficit presupuestario.

Una parte muy significativa de este déficit se origina, precisamente, en la disminución coyuntural de los ingresos vinculados a un menor ritmo de actividad económica y en el aumento vertiginoso de los gastos de la Seguridad Social provocados por la propia crisis y el estancamiento económico.

Es evidente que el requisito imprescindible para llevar a la práctica una política controlada en el tiempo, pero activa en materia presupuestaria, consiste en poner orden en el capítulo de los gastos corrientes y transferencias ingentes para financiar empresas públicas y privadas que fabrican bienes que nadie quiere consumir. Si esto se llevara a cabo, y no se ha hecho a pesar de la insistencia de muchos economistas de que así se hiciera desde comienzos de los año ochenta, apenas se requeriría aumentar el déficit público en porcentaje del producto nacional.

Tradicionalmente se dice que una mayor expansión de las inversiones públicas acentuaría el déficit, que, a su vez, exacerbaría la inflación si se financia con dinero del Banco de España, como está ocurriendo últimamente, o elevaría los tipos de interés si el Estado recurriera como antes al mercado. Ahora bien, si se efectúa las sustituciones en los capítulos de gasto a los que antes se ha hecho referencia y si, a pesar de todo, hubiera que prever un ligero aumento temporal del déficit público, acompañándolo del correspondiente aumento de la oferta monetaria para que los tipos de interés permanezcan constantes, lo lógico sería —siempre y cuando no se desate en el país un problema grave de confianza que induzca a los agentes económicos a comprar activos exteriores— que la expansión monetaria no se tradujese en aumentos de precios, sino más bien en aumentos del producto. Obviamente, si se dejara continuar la expansión demasiado tiempo, se generarían tensiones en el mercado de trabajo y surgirían brotes inflacionarios. Pero igual ocurriría con una expansión inducida por un aumento de las exportaciones y, en cambio, nadie se opone a este tipo de estímulos.

Lo que sí es cierto es que a medio plazo, un aumento del déficit público acabaría inevitablemente por la vía del aumento de los tipos de interés en términos reales, excluyendo al sector privado, y de ahí la insistencia en el carácter limitado en el tiempo de los estímulos necesarios.

Por último, queda el único obstáculo verdaderamente insalvable a corto plazo, del que, lamentablemente, nada se dice. Europa ha pagado un precio desorbitado por estos años de crisis, por la sencilla razón de que no ha podido actuar como un solo país, privándose, por tanto, de la posibilidad de aplicar una política económica generalizada.

Si una economía pequeña decide estimular su actividad económica en un contexto de apertura, se enfrentará a dos alternativas. O bien deja que su tipo de cambio se vaya depreciando, si los demás países contraen, en lugar de expansionar, sus economías, en cuyo caso podrá continuar la expansión, pero al coste de una inflación creciente que terminará por interrumpirla, o si no quiere aceptar este grado adicional de inflación no tendrá más remedio que aumentar sus tipos de interés reales para mantener sobrevaluado su tipo de cambio. Tarde o temprano, también se interrumpirá el proceso inversor.

En una situación como ésta, el país lanzado a una expansión, aunque sea temporal, en un marco generalizado de contracción, lo que hará primordialmente será generar puestos de trabajo en los países vecinos y, al reflexionar sobre su propia situación en términos de coste-beneficio, es evidente que no incluirá entre los beneficios la mayor ocupación inducida en el país extranjero, mientras que, si todos los países hubieran expansionado simultáneamente sus economías, cada uno de ellos obtendría mayor número de puestos de trabajo por un determinado aumento de su déficit presupuestario.

Es esta contradicción básica la que ha inducido a prácticamente todos los países europeos a aplicar políticas típicamente prekeynesianas a un coste social sin precedentes, en lugar de buscar fórmulas poskeynesianas, que son las que por fuerza van a regir en el futuro.

Esta contradicción adquirió rasgos continentales a partir de 1982, en el que una política típicamente keynesiana en Estados Unidos ha facilitado una expansión económica y una reducción de los niveles de desempleo sin precedentes, mientras Europa aplicaba una política reaganista que le impedía salir del marasmo económico. El impulso de la apertura al exterior y de los procesos reales de integración de la economía española —como la progresiva ampliación del sistema monetario europeo— se han convertido, pues, en objetivos prioritarios de la nueva política económica.

Algunos economistas europeos, que se han pasado estos últimos años criticando las teorías económicas del presidente Reagan, están descubriendo —con cierto retraso— que todo el mundo se ha plegado a sus duras y ortodoxas directrices. Todo el mundo, menos el propio Reagan.

En los últimos años, Estados Unidos ha aplicado una política típicamente keynesiana, de aumento del déficit público para estimular la demanda y la inversión. Mientras que los europeos han aplicado políticas muy ortodoxas de contención del gasto y oferta monetaria: exactamente lo que Reagan decía que se debía hacer mientras hacía todo lo contrario.

Esta paradoja explica, en gran parte, por qué Estados Unidos hace tiempo ya que dejaron atrás la crisis y Europa, en cambio, inicia la salida con tanta demora. Los únicos «reaganistas» consecuentes en el mundo occidental han sido los europeos —incluidos los propios españoles—, con efectos desastrosos para su nivel de vida. ¿Quién tiene la culpa de este gran error continental?

Se podía pensar que en Europa la ciencia económica está más anquilosada que en Estados Unidos y que los políticos europeos son víctimas más propicias que los políticos norteamericanos, de ideologías simplistas y convencionales, de ideas muertas —como decía Keynes—, de algún economista difunto. Algo de eso hay en la propensión de muchos europeos a creer que la reducción drástica del gasto es la única manera de adecuar gasto y producción, es decir, nivel de vida y medios disponibles. Pero existe otra razón mucho más importante.

La división histórica de Europa en tantos y tan dispares países impide —como se dijo antes— la aplicación generalizada de una misma política económica. Y para salir de la crisis es ineludible que todos tomen medidas semejantes, si no se quiere correr el peligro de quedarse solo y gesticulando. Lo malo de la política de expansión económica que habían adoptado los socialistas franceses al llegar al poder, no era tanto el contenido de aquella política —que de todas maneras no era bueno—, sino el hecho de que fuera el único país europeo que aumentaba el gasto, mientras todos los demás lo restringían. En estas condiciones, la caída y posterior rectificación eran inevitables.

Hay razones políticas e históricas que aconsejan la unión de Europa, pero, desde el punto de vista estrictamente económico, esta unión es inaplazable en el contexto actual.

Los españoles ¿están mejor o peor en términos de bienestar económico?

Para la oposición, la política del Gobierno ha impulsado hasta cotas desconocidas el número de parados: 22 por ciento de la población activa —la tasa más elevada del mundo industrializado—. Y el aumento constante del gasto público ha generado alzas insoportables de la presión fiscal. Para el Gobierno socialista, al efectuar el balance de su primera legislatura, la inflación había descendido por debajo del 10 por ciento, el déficit de la cuenta corriente de la balanza de pagos se había transformado en un superávit y, por primera vez, volvía a aumentar la inversión.

No es lógico pedir a los líderes políticos que se pongan de acuerdo en valorar la situación económica, cuando los propios economistas mantienen opiniones dispares.

Hace unos años se hizo famoso en Gran Bretaña un libro escrito por tres economistas, que se titulaba: *¿Por qué los economistas no se ponen de acuerdo?*[*] Su tesis esencial consistía en recordar que los economistas emiten juicios de valor sobre determinados aspectos de la actividad humana. A veces son valoraciones cualitativas —este o

---

[*] Ken Cole, John Cameron, Chris Edwards, *Why economists disagree*, Longman, Londres, 1984.

aquel trabajo en la siderurgia es improductivo y debe eliminarse—, o valoraciones relativas —el valor de una prestación de trabajo no debe rebasar el límite establecido por la política de rentas. Este tipo de juicios de valor que hoy se hacen en nombre del mercado antes los hacían los reyes o la Iglesia en nombre de la divinidad. Aquellos pronunciamientos daban curso a revoluciones en el caso de la realeza y a cismas o herejías en el caso de la Iglesia. La rebelión contra los economistas de una u otra escuela es hoy menos cruenta, pero no menos generalizada. Los economistas están divididos porque emiten juicios de valor sobre rasgos del comportamiento que siempre han dividido a la especie humana. La innovación realmente revolucionaria de los economistas fue recurrir al concepto de mercado, en lugar de acudir al poder real o a la inspiración divina.

Si se utiliza el concepto de mercado para reflexionar sobre la economía española, resulta que en la última década —en la que se han sucedido gobiernos de distinto color ideológico— se han producido avances significativos en los esquemas de convivencia política, pero no se ha conseguido aumentar el nivel de bienestar económico de los españoles en su conjunto. Como se ha dicho antes, la renta real por habitante de los españoles ha permanecido estancada en los últimos diez años.

A pesar de que suele imputarse con frecuencia a la crisis mundial, ese deterioro no ha ocurrido en los demás países industrializados: de ahí la caída relativa del producto por habitante español con relación a la media de esos países, que ha pasado del 54 por ciento en 1975 al 42 en 1985. En términos de bienestar económico no se ha mejorado y se está peor que los demás. Pero la suerte no ha sido la misma para todos. En estos mismos años se ha producido una importantísima redistribución de la renta en favor de los tramos más modestos de la población —todo ello gracias a una reducción drástica de las rentas de la población más elevadas, que de una participación del 41 por ciento en el total ha descendido al 29 por ciento.

Los economistas que utilicen el concepto de mercado y no el

Boletín Oficial o la inspiración divina llegarán, pues, a la conclusión de que en la última década todos los españoles concedieron prioridad a la solución de sus problemas políticos y a impulsar el proceso de la justicia social, aunque fuera a costa de un menor crecimiento económico.

Tal es el balance económico de los años 1975-1985, con la única matización en la última parte de este período de un crecimiento ligeramente menor y una corrección significativa de los efectos redistributivos de la renta a favor del excedente empresarial, todo ello impulsado por una mejora también significativa de los desequilibrios interno y externo.

El gran interrogante que deberá despejarse en los próximos años consiste en saber cuál será la nueva relación estructural entre crecimiento del producto nacional y saldo de la cuenta corriente de la balanza de pagos. En otras palabras, cuál será el impacto sobre los actuales niveles de inflación y equilibrio exterior cuando la economía española inicie una senda más activa de crecimiento y en un marco de desprotección mayor con motivo de la entrada en la Comunidad Económica Europea.

El error más común a la hora de imaginar el futuro consiste en extrapolar mecánicamente a los próximos años el estancamiento económico y descontento social actualmente vigente. A veces, cuesta creer que los próximos quince años no serán, con toda probabilidad, una repetición del pasado inmediato, sino un período lleno de cambios profundos, impuestos por la apertura del país al exterior y la revolución tecnológica.

El desencanto actual obedece a razones concretas que no deben perpetuarse necesariamente.

Algunos de estos factores de pesimismo están todavía condicionando la vida económica y social de España. En primer lugar, aparece la falta de simetría en la visibilidad del proceso de la justicia social. La puesta en marcha de programas de ajuste rigurosos para combatir la inflación, como los de 1979 o 1982, incidió directamente sobre los ingresos reales de las clases trabajadoras. El consiguiente deterioro de sus niveles de bienestar genera el lógico descontento en los directamente afectados, sin que sean visibles para ellos los sacrificios concomitantes incurridos por las clases medias y altas.

En efecto, ¿cuál es la reacción de las clases medias sometidas a los efectos de un proceso de estabilización?

Por razones obvias, las clases medias procuran mantener los anteriores niveles de consumo, aunque sea a costa de sus ahorros acumulados. La decisión de aferrarse a los niveles vigentes de bienestar se financia con una renuncia a los niveles futuros de seguridad, que no es visible para los demás protagonistas de la vida social.

Las clases sociales con intereses elevados reaccionan de forma parecida, con la única variación de que en lugar de financiar sólo con sus ahorros el mantenimiento de los anteriores niveles de consumo, lo hacen, en mayor proporción, desprendiéndose de parte de su patrimonio.

En términos globales, es probable que el proceso redistributivo haya aumentado para la sociedad en su conjunto, pero la falta de visibilidad en la simetría del reparto del sacrificio hace que las clases populares, sobre las que incide directamente y sin remisión el peso del ajuste, se sientan discriminadas. Y, sin embargo, el descontento es generalizado: para unos, porque se ha producido un deterioro de sus niveles de consumo; para otros, porque ha aumentado su inseguridad de cara al futuro, a raíz de la disminución de sus niveles de ahorro; y para otros, en fin, porque han experimentado mermas patrimoniales.

El descontento social es particularmente profundo en las clases medias —con serias implicaciones en sus comportamientos políticos— por dos razones adicionales. La progresividad de la fiscalidad vigente ha acortado drásticamente las distancias con los niveles reales de ingresos de la población trabajadora ocupada. España castiga innecesariamente a sus clases profesionales más cultas e innovadoras por encima de lo que es norma común en los demás países europeos. Por otra parte, muchas prestaciones asistenciales están vinculadas a umbrales de renta que, lógicamente, excluyen a colectivos afines situados, sólo marginalmente, por encima del umbral que confiere la condición de beneficiario de las prestaciones sociales.

Las inadecuaciones profundas de los sistemas de seguridad social constituyen otro de los factores básicos del actual descontento. Los sistemas de seguridad social no atienden las nuevas exigencias de la inseguridad de los tiempos modernos. Colectivos enteros han basculado hacia el campo de gravitación potencial de la Seguridad Social de manera repentina y ciertamente desacostumbrada. Los procesos de reconversión industrial, las jubilaciones anticipadas vinculadas a esos procesos, el inusitado crecimiento del paro juvenil, el aumento del número de mujeres divorciadas y madres solteras, han precipitado en la inseguridad a colectivos enteros que nunca fueron demandantes de seguridad social en las proporciones actuales: son los nuevos pobres, que no encajan en los esquemas de la Seguridad Social tradicional, cuyo funcionamiento está orientado a la satisfacción de necesidades de colectivos homogéneos de fácil seguimiento estadístico.

Por último, es preciso aceptar que el actual descontento social no debiera sorprender a nadie y, en realidad, sorprende a muy poca gente, porque desde comienzos de los años setenta nadie se ha planteado en España seriamente cuáles son las condiciones precisas para el progreso de la justicia social en las nuevas condiciones económicas.

Tanto el liberalismo a ultranza como la socialdemocracia se apoyaron en el crecimiento económico potencialmente ininterrumpido para financiar la política de seguridad social. Cuando a partir de 1974 surgen los límites físicos y se consolidan las cortapisas sociales del crecimiento, se tambalean las bases conceptuales y organizativas del Estado benefactor.

Capítulo 6
Poder político y libertad: las alternativas

«Ustedes son una minoría de nada. Si todos fueran diputados no llegarían ni a veinte, pero, en cambio, está claro que su peso en el país va mucho más allá.»

Santiago Carrillo ante algunos miembros
de la junta directiva del Círculo de Empresarios, 1978

Al ex presidente del Gobierno, Leopoldo Calvo Sotelo, le tocó protagonizar uno de los momentos más esperpénticos de la historia moderna de España.

En su discurso de investidura en el Congreso de los Diputados, su gusto irrefrenable por las frases de síntesis le llevó a declarar «la Transición ha terminado», en el momento preciso en que entraba por la puerta un destacamento de guardias civiles mandados por el teniente coronel Tejero. Pío Cabanillas, que tenía el escaño contiguo a mi izquierda, me recordaría meses después mi primera reflexión ante aquel absurdo espectáculo: «¡He vivido dieciséis años fuera de este país y se me ocurre regresar justamente ahora!».

Efectivamente, algo había concluido con la ascensión de Leopoldo Calvo Sotelo a la presidencia del Gobierno una vez subsanado el incidente de las metralletas. En modo alguno, la Transición de España hacia la normalidad política y consiguientes reformas de todo orden en el cuerpo social en la que esa normalidad pudiera fundamentarse. Lo que sí había terminado era uno de los fugaces impulsos civilizadores que ha caracterizado la historia de España.

Recuerdo que en una ocasión, al regresar a Inglaterra de un viaje a América Latina, el funcionario de turno antes de sellar el pasaporte español tuvo la amabilidad de exclamar:

—*Spain, what a marvelous country!*

—*It depends on the Century* —me salió del corazón la respuesta.*

Los cuatro años de cambio político, protagonizados por la institución monárquica y Adolfo Suárez, parecían reunir las tres características de todos los grandes impulsos civilizadores: un mínimo de prosperidad material, confianza, energía y vitalidad.

El intenso esfuerzo innovador de los primeros años de la Transición pudo cristalizar porque los efectos de la crisis económica no habían expulsado todavía de los procesos de producción a centenares de miles de ciudadanos. La dialéctica del cambio se mantuvo porque existía una confianza inusitada en la nueva concepción del mapa político que se preparaba, en sus leyes y en el poder de la inteligencia. Y hubo energía y valor suficientes para enfrentarse a los obstáculos previsibles. Ninguno de los tres atributos ha estado presente en la misma medida desde entonces.

Hay gente para quien la civilización equivale a una sensibilidad refinada, saber hablar bien, gozar de la belleza. Es cierto que todo esto puede ser uno de los resultados de la civilización, pero una sociedad civilizada y moderna no se hace con esto. Existen países en los que proliferan estas distracciones y que, sin embargo, están muertos. Es curioso comprobar también la cantidad de gente que sufre cansancio, puro cansancio. La juventud en particular lo experimenta con una intensidad proporcional a la ausencia de un gran objetivo civilizador. Los síntomas vienen de lejos y muchos estiman que el último gran esfuerzo de la civilización

---

* —España, qué país tan maravilloso.
—Depende del siglo.

europea tuvo lugar en los siglos XI y XII. El cansancio moderno sería entonces la manifestación externa de una falta de confianza en las propias fuerzas para acometer grandes realizaciones.

Muchos españoles están hoy profundamente preocupados por el curso de los acontecimientos en España. No referidos a ayer ni mañana, sino a la próxima década. La incapacidad para superar la crisis económica ha puesto en entredicho en amplias capas sociales el mínimo de bienestar material para que prolifere una gran civilización. El verdadero significado de la palabra «desencanto» va mucho más allá de la pérdida de popularidad del Gobierno del día, sometido al desgaste del ejercicio del poder. Lo que subyace es una falta de confianza en la capacidad modernizadora de la sociedad. Por último, la falta actual de energía, vigor y vitalidad en las artes, la ciencia y la política tiene como contrapartida que nadie pueda encarnar esas virtudes en el grado necesario para parecer —como en el pasado— superior a su propia época. España puede destruirse a sí misma a fuerza de cinismo y falta de confianza, con la misma eficacia que lo haría una guerra nuclear.

La constitución del primer Gobierno democrático, en 1977, tenía aires de Gobierno de salvación nacional. Los mejores técnicos del país sucumbieron fácilmente a la tentación de abandonar sus lucrativos puestos de responsabilidad en el sector privado para participar en la tarea de saneamiento que anunciaba el primer Gobierno democrático de España, respaldado por el resultado de unas elecciones generales desde hacía casi medio siglo. La vertiente tecnocrática enlazaba con las ansias de modernización. Políticos como Joaquín Garrigues parecían conectar directamente con el futuro previsible. Y otros, como Martín Villa, representaban la garantía de un cordón umbilical con el pasado, que garantizaba a miles de funcionarios su participación en la reforma. Lógicamente, aquel supergobierno iba a ser fértil en grandes diseños, que culminaron en los Pactos de la Moncloa.

Tanto el presidente como el vicepresidente del Gobierno intuyeron que, como decía el economista británico Hirsch, muy pocos años antes de morir en su exilio autoimpuesto del Fondo Monetario Internacional, en Washington: «La crisis social arranca del hecho de que la única legitimidad aceptada es la que confiere la consecución de la justicia social»,[*] y la Transición hacia una sociedad más justa está tan plagada de incertidumbres como la Transición hacia una sociedad más libre. Lo que caracteriza por encima de todo el estado de cosas actual es su necesidad de justificarse. Éste es su triunfo moral y su problema técnico, todavía sin resolver.

La necesidad de justificación impone límites drásticos a las soluciones posibles. Tradicionalmente, han prevalecido los proyectos eficaces a los éticos, pero esta línea divisoria es hoy mucho más confusa. Para que una oferta programática sea aplicable y funcione, es preciso que pueda defenderse desde postulados éticos. En las sociedades actuales, lo fundamental ya no son los remedios técnicos, sino el concurso mayoritario sin el cual aquellas medidas técnicas no pueden funcionar.

El esfuerzo colectivo del otoño de 1977 fue un precedente que la derecha más conservadora quiso olvidar en seguida. La política de consenso que condujo a los Pactos de la Moncloa constituyó un ejemplo de que las inercias acumuladas y las rigideces institucionales características de las sociedades postindustriales sólo permiten impulsar el cambio si se sabe articular por encima de las aritméticas estrictamente parlamentarias. Los avatares de la reforma educativa en Francia a fines de 1986 apuntan en la misma dirección. La complejidad de los problemas que acucian hoy a una sociedad como la española tienen una envergadura desproporcionada cuando se la compara con la solidez de las instituciones, incluidas las más representativas y democráticas:

---

[*] Fred Hirsch, *Social limits to growth*, Routledge, Londres, 1977.

«¿Qué es la Presidencia del Gobierno? —se preguntaba Enrique Fuentes Quintana, al poco tiempo de abandonar aquel gobierno—. El presidente, un diplomático, una persona muy eficaz a nivel de relaciones públicas, y Natalia, una secretaria muy simpática.»

España no ha tenido, literalmente, el tiempo de proteger estas instituciones con la infraestructura técnica y coordinadora del conocimiento disponible, característica de los países más avanzados.

Estas carencias afectan a la Presidencia del Gobierno, pero también al trabajo parlamentario de los diputados, a los órganos judiciales y a la seguridad del Estado.

Más que de consenso, no obstante, debiera hablarse de movilizaciones colectivas, de galvanización de las redes innovadoras sociales, de proliferación de las iniciativas y mecanismos participativos de la sociedad irrumpiendo más allá y por encima de la trilogía anacrónica de sindicatos, patronos y Gobierno. Los españoles constatan —aunque no hayan tenido tiempo de asimilar esta conclusión— que la cogestión del sistema social por patronos y sindicatos es una quimera. Sólo el Estado manda y, por ello, todos se vuelven hacia él. En el mismo momento en que el Gobierno convoca a sindicatos y patronal para que se pongan de acuerdo, los dos se revuelven hacia el Gobierno diciéndole: «Nosotros dos tenemos muy poco que discutir. Con quien queremos negociar es con el Gobierno. Traiga, por favor, su Presupuesto.»

El antiguo esquema de sindicatos, por una parte, y patronal, por otra, negociando directa y decisivamente el porvenir económico, con el Gobierno ejerciendo una función estricta de árbitro y conciliación, es un puro recuerdo del pasado, una idea muerta.

Los sindicatos, como la patronal y hasta los partidos políticos, han perdido —tal vez irremediablemente— gran parte del poder que acumularon antaño en las sociedades democráticas. Se ha entrado de lleno en una economía con muchos más centros de poder manipulado por nuevos protagonistas: el Estado, en primer lugar, los planteamientos corporativistas, el complejo público-industrial, la economía subterránea, el sector exterior que representa ya cerca de un veinte por ciento del total de bienes y servicios generados.

Tarde o temprano, estas transformaciones profundas exigirán también cambios profundos en la organización social y actitudes políticas.

La crisis y el descontento actual no es una maldición de la naturaleza, ni fruto de una supuesta escasez de recursos, sino el resultado de la incapacidad para adecuar las instituciones sociales y comportamientos políticos a la nueva realidad.

La única manera de seguir impulsando el proceso de modernización en estas circunstancias consiste en aglutinar los esfuerzos de la inmensa mayoría en torno a un proyecto colectivo y consensuado.

Posiblemente, la pregunta más trascendental de toda la Transición, es decir, ¿por qué se interrumpió la estrategia iniciada por los Pactos de la Moncloa?, ha quedado relegada al olvido más incomprensible. Y con la perspectiva del tiempo es evidente que, de haberse seguido por aquella vía, la vida social y el mapa político serían muy distintos de lo que son ahora. Profundizar en este interrogante exige recordar el papel decisivo que desempeñaron determinados sectores empresariales.

Carlos Ferrer Salat decía a un grupo de empresarios el día 6 de marzo de 1979: «No hay que engañarse: el país asiste hoy a una agudización de la lucha e indisciplina laboral rayana en la anarquía. Se trata, por supuesto, de la respuesta de Santiago Carrillo al fracaso del compromiso histórico que intentó al concluir los acuerdos de la Moncloa.»

Sólo unas semanas antes —a punto de concluir el año 1978—, el Gobierno, por la vía de Fernando Abril Martorell, había tanteado a los empresarios para saber si aceptarían la conclusión de un pacto entre la izquierda y el Gobierno de UCD. En este pacto, Santiago Carrillo estaba dispuesto y había dado ya su apoyo para aceptar alzas salariales de sólo el 10 por ciento, a cambio de una serie de ventajas políticas como el fortalecimiento de las organizaciones sindicales a nivel nacional y empresarial. La negativa de los representantes de los empresarios fue tajante.

Al analizar estos meses decisivos de la historia reciente de España, no puede olvidarse que el colectivo de grandes empresarios unía a su falta de experiencia política un desconocimiento personal de los dirigentes de las fuerzas sociales, con los que se había iniciado el diálogo. La falta de contacto durante tantos años y la incidencia de la propaganda del Régimen anterior generaban alternativamente reacciones de recelo y de una gran ingenuidad.

La junta directiva del Círculo de Empresarios, que dirigía entonces Santiago Foncillas, agrupaba al centenar de empresarios más conocidos del país; decidió promover un encuentro extraoficial —cuya celebración nunca se desveló— para que algunos de los grandes empresarios con inquietudes políticas —los polisarios, como les calificaría después un comentarista económico— tuvieran la oportunidad de entrevistarse por primera vez con Santiago Carrillo. Por parte del Partido Comunista acudieron también Nicolás Sartorius, Tomás García, que seguía conservando, desde los viejos tiempos del exilio en París, la responsabilidad de los temas económicos, Julio Segura y Emerit Bonus. Por parte empresarial asistieron nueve personas cuyos nombres no hace falta revelar, porque ninguno de ellos necesita del mérito adicional que supondría recordar ahora su espíritu de diálogo y desvelos por el rumbo democrático.

Tanto Sartorius como Carrillo expusieron con precisión y detalle la postura del Partido Comunista frente a la posibilidad de nuevos pactos, de elecciones generales y de la situación política en general. Los empresarios no tuvieron inconveniente en constatar una cierta desorientación en cuanto a su papel en la nueva situación a raíz de la falta de experiencia en materia de estrategias políticas. La conversación se desarrolló en términos parecidos —aunque imaginarios— a los siguientes:

—¿Qué es lo que deberíamos hacer?

—Mire usted, nosotros, los comunistas, hemos reflexionado horas, días y meses sobre estos temas. Si los empresarios hacen lo mismo, llegarán a la conclusión de que deben asumir políticamente el poder e influencia que ya tienen en términos económicos y sociales.

—No es seguro que los empresarios debamos intervenir directamente en los procesos políticos.

—No pueden desentenderse de las grandes opciones políticas, ni dejar totalmente al Gobierno la responsabilidad de estos asuntos. Los empresarios pueden incidir no sólo sobre el Gobierno, sino sobre otros partidos, adoptando una postura clara respecto a la necesidad o no de la firma de pactos económicos, de si estiman o no conveniente que haya en plena crisis económica nuevas elecciones generales anticipadas.

—Vamos a ver —terció Nicolás Sartorius—, ustedes están planeando inversiones. ¿Qué dirían si de pronto se les anunciara que el año próximo habrá elecciones y que van a sumir al país en una batalla electoral a partir de mañana? Yo creo, sinceramente, que la economía española no aguanta otros cuatro meses de inacción y parálisis de la Administración que esto llevaría consigo.

—A ustedes, que a veces hablan con cierto tono peyorativo de nuestra veintena de diputados, comparados con los del PSOE —volvió a tomar el hilo de la conversación Santiago Carrillo—, les ocurre algo parecido a nosotros: son una minoría de nada. No llegarían ni a veinte si todos ustedes fueran diputados, pero, en cambio, está clarísimo que su incidencia y peso específico en el país va mucho más allá del Grupo parlamentario que representarían. Nosotros tenemos otros sectores y canales para incidir en la vida social además de nuestros diputados: los sindicatos, por ejemplo. En la calle podemos manifestar nuestras opiniones.

—Pero la utilización de la calle, cuando se dispone de un Congreso de los Diputados, no es un planteamiento democrático.

—Se equivocan. Los parlamentos se eligen sólo una vez cada cuatro años y en el intermedio las posiciones de fuerza van evolucionando, de manera que, sin dejar de ser aquellos diputados los representantes legítimos del pueblo, pueden no representar ya plenamente la nueva relación de fuerzas que exista en el país. El que salgan a la calle los sectores transitoria y no totalmente representados no quiere decir que se haga en detrimento de la democracia. Uno de los escollos más serios para efectuar un replanteamiento global de la situación política radica en el PSOE, que, en lugar de pensar en los intereses a medio plazo del país, está anteponiendo sus intereses particulares de partido como alternativa de poder. La reticencia del PSOE, ahora, con los nuevos pactos que buscamos es muy similar al rechazo que también mostró en su día no el PSOE, sino la UGT, con motivo de los Pactos de la Moncloa.

—Las fuerzas empresariales no tienen ningún interés aparente en fortalecer a los comunistas, y la institucionalización de esos pactos fortalecería políticamente al Partido Comunista.

—No tenemos interés en volver a la Dictadura. Si la democracia no se consolida, nosotros seremos los que más perderemos. La continuación de la crisis económica pone en peligro a la democracia. Por eso sugerimos un pacto económico. Son muy brutos los empresarios que se empeñan en vernos como señores maquiavélicos y en no fiarse de nuestros planteamientos.

—¿Cuál sería, en términos concretos, el contenido de los acuerdos?

—No pedimos la luna. Exigimos, en primer lugar, el cumplimiento de todos aquellos acuerdos de los Pactos de la Moncloa que no se han ejecutado, sobre todo en materia de Seguridad Social y empresa pública. Toda la normativa relativa a la acción de los trabajadores en la empresa, es decir, renegociación de la ley de acción sindical y de convenios colectivos. Desarrollo de toda la normativa que queda pendiente —algo así como noventa o noventa y cinco proyectos de ley—, cuyo desarrollo está previsto por la Constitución. Fijar un calendario político para los próximos meses en donde se estipulen las fechas precisas para las elecciones generales, autonómicas y municipales. Un programa económico en el que se acuerden las grandes líneas estratégicas de la política monetaria, fiscal e industrial. Y, por último, constituir un órgano de seguimiento y control de todos los puntos acordados. Tanto ustedes como nosotros estamos interesados en un pacto económico a varios años que dé un marco adecuado a su actividad inversora.

—La verdad es que desconocíamos totalmente el alcance de estas propuestas. Estamos sorprendidos y necesitamos reflexionar. Ahora bien, no conocemos ningún país del mundo en el que acuerdos similares hayan desembocado en un órgano de seguimiento y control que constituiría, en realidad, un Gobierno en la sombra.

—No se trata de un Gobierno en la sombra. Algo muy parecido y más amplio existió en varios países europeos después de la segunda guerra mundial. Los comunistas participaron, incluso, como ministros en el poder y fue entonces cuando Maurice Thorez, en Francia, lanzó la famosa consigna de: "Producción, más producción", alentando a los trabajadores a reconstruir Francia después de la guerra. Aquí no hemos tenido ministros en el Gobierno, y yo les digo una cosa: ¡Ya quisiera el presidente actual de la República francesa poder firmar un acuerdo como el que nosotros estamos ofreciendo! Pero si ustedes son tan ciegos que no quieren ni siquiera tomarlo en consideración y prefieren inhibirse, entonces nosotros también tendremos que considerar la posibilidad de lavarnos las manos y decirle al pueblo: muy bien, vayamos a unas elecciones generales y en la campaña electoral dejaremos bien claro que nosotros hubiéramos querido un acuerdo que fomentara la inversión, que sosegara los ánimos y que ustedes, no obstante, se negaron y prefirieron una nueva contienda electoral.

—Todo esto está muy bien, pero ¿quién nos garantiza a nosotros que las bases comunistas le obedecerán estas consignas?

—Mire usted —contestó Carrillo—, nosotros no estamos militarizados y sólo si estuviéramos militarizados le podría dar una garantía absoluta en ese sentido. Pero yo les pregunto, de todos los partidos existentes, PSOE y UCD incluidos, ¿cuál creen ustedes que es el más disciplinado? Hasta ahora no hemos tenido problemas, y no tengo ninguna duda que un acuerdo así sería absolutamente respetado por nosotros. ¿Cuáles han sido los acuerdos de la Moncloa cumplidos más fielmente?: precisamente aquellos en que el mayor margen de actuación correspondía al Partido o a Comisiones.

—Es cierto que existe un denominador común para entablar un cierto diálogo. Los dos sectores más dañados por la crisis han sido, después de todo, los propios trabajadores y las grandes empresas aquí representadas, cuyos márgenes de explotación en términos reales se han deteriorado por encima del 15 por ciento. Si alguien tiene que estar preocupado por lo que está ocurriendo, somos nosotros. Pero estos planteamientos nos son absolutamente nuevos. Nadie nos ha dicho nada. ¿Le han explicado bien esto a Carlos Ferrer?

—Evidentemente —contestó Santiago Carrillo—. Lo que ocurre es que Carlos Ferrer sólo se entera de lo que se quiere enterar.

—Se trata de unas propuestas muy complejas y habría que estudiar si, en lugar de reformas para estimular la inversión, no se trata de iniciar la vía para cuestionar la economía de mercado.

—Ustedes no pueden tener miedo de que intentemos cambiar la economía de mercado. Yo les aseguro que esta economía está aquí para quedarse en los próximos diez, veinte, treinta y hasta cuarenta años. Un cambio hacia el socialismo sería nefasto para la economía española. Éste no es nuestro objetivo en absoluto y en el marco de la empresa tampoco pedimos imposibles: se trata de que al comité sindical se le informe de la marcha de la empresa, de que en materia de contratación o despido se le consulte previamente cuando no se trate de cargos directivos sobre los que se deja, por supuesto, absoluta autonomía de gestión a la gerencia.

—Todo eso nos pilla de sorpresa. No estamos preparados para profundizar esta discusión y lo que tenemos que hacer ahora, obviamente, es pensar y volvernos a ver. Yo creo que, de entrada, todos aceptamos que las divergencias que nos separan al colectivo de empresarios de los comunistas no son del todo, ni siempre, irreconciliables. En el tema de las autonomías coincidimos en la inviabilidad de una intervención del Ejército contra el terrorismo en el País Vasco, que colocaría a España un siglo atrás si simultáneamente Marruecos aprovechara la ocasión para iniciar un acoso a Ceuta y Melilla. La única vía consiste en involucrar firmemente al Partido Nacionalista Vasco en la defensa de la unidad nacional y la lucha contra el terrorismo.

—Tomen ustedes una cuestión que ahora nos separa de una manera casi irreconciliable: la devolución del patrimonio sindical. ¿Qué les costaría a los empresarios hacer el gesto de anunciar públicamente su renuncia a la parte que pudiera corresponderles por cotizaciones anteriores? Yo sé contra lo que puede estrellarse la creación de un marco institucional en el que las fuerzas reales del país puedan empezar a negociar un plan de desarrollo: el rechazo contundente por parte de sus amigos de la cúpula de la CEDE, de la que algunos forman parte, y, por supuesto, la falta de entusiasmo del propio Partido Socialista. La actitud del Partido Socialista es comprensible. Confía en que de unas elecciones generales precipitadas pueda salir un Gobierno de coalición UCD-PSOE, o todavía más: un gobierno PSOE con una parte de UCD, a la que el embate de las elecciones generales va a resquebrajar fácilmente.

—Tal vez, pero la posible participación de los socialistas en el poder puede ser otra manera de dar una respuesta adecuada a los niveles imperantes de incertidumbre, que son el factor determinante de la atonía inversora y, por lo tanto, del débil ritmo de actividad económica, sin las implicaciones institucionales verdaderamente peligrosas de establecer un Gobierno en la sombra apoyado por fuertes movilizaciones populares.

—Miren ustedes, no le den más vueltas, por favor. La negativa de los socialistas a la profundización de los pactos y su reflejo institucional es el resultado del peligro que representaría para ellos, en términos electorales, encontrarse en una situación en la que un Gobierno de centro, comprometido en la ejecución de las profundas reformas estructurales que el país reclama, les disputaría uno a uno los votos a su derecha, y la responsabilidad y relativo protagonismo del Partido Comunista en el impulso de las reformas les robaría votos por su izquierda. Ahora les hablo como hombre de izquierdas, y no sólo como dirigente político empeñado en que la Transición se consolide en un Estado democrático. Aquí no hay más que dos alternativas: la izquierda renuncia a llegar al poder durante unos cuantos años, a cambio de un proceso continuado de reformas a instancias de un Gobierno progresista de centro respaldado por las movilizaciones populares dimanantes de los pactos y de nuestra propia fuerza, o bien se prefiere anticipar la llegada al Gobierno del Partido Socialista, simultaneándolo con una desmovilización de los sindicatos que impediría proseguir por la vía de las transformaciones que España necesita.

De esta disyuntiva —cuando los empresarios y representantes del Partido Comunista se despidieron aquella madrugada—, los sectores con fuerza suficiente para imponer en la práctica una solución ya habían optado entonces por la constitución de dos campos: uno de derechas y otro de izquierdas. «Todo lo demás —diría poco después Felipe González— conduciría a medio plazo al Frente Popular.»

Los dos protagonistas de la opción perdedora fueron, por supuesto, el Partido Comunista, en primer lugar, y la UCD, después. El único error de la ejecutiva socialista fue pensar que el consiguiente giro de UCD hacia la derecha podía efectuarse sin su desmembramiento y sustitución por una alternativa al PSOE, fundamentada en supuestos más conservadores. Para los políticos como Francisco Fernández Ordóñez, la negativa del *establishment* a que se explorara la vía italiana del compromiso histórico con toda la izquierda, sin exclusiones, iba a decantar al partido inevitablemente a la derecha. Y a fines de abril de 1979 ya podía decir: «¡Esto se ha acabado! La burguesía avanzada de este país tendrá que preparar a partir de ahora un contrato de poder o un diálogo sistemático con la izquierda.»

El único error de los dirigentes empresariales que alentaron el corrimiento del centro de gravedad de la alternativa al socialismo hacia supuestos más conservadores, fue olvidar que, después de cuarenta años de identificación de esos supuestos con el franquismo, sólo una ideología y liderazgos de centro podían constituir una alternativa efectiva. La crisis actual de Coalición Popular es la manifestación retardada de aquel error estratégico de proporciones históricas. Desde entonces no ha ocurrido nada significativo, y todo lo demás no ha sido sino subproducto de aquella opción capital. La única excepción fue el alcance —mucho más arrollador de lo previsto— de la victoria del Partido Socialista en las elecciones generales de 1982. Para explicar este fenómeno, uno siente la tentación de recurrir, más que a la ciencia política, a planteamientos tan ajenos de nuestra tradición cultural como son las teorías de psicólogos sociales como Ericsson y Kohlberc.

De acuerdo con esos supuestos, el aprendizaje moral constituiría un aspecto típico de la infancia; la experimentación ideológica, una parte de la adolescencia y la consolidación ética, la tarea por excelencia de la madurez.

Ahora bien, en períodos de exasperación y fuertes tensiones personales, en el caso de la juventud, o sociales, en el caso de los pueblos, la falta de una síntesis ideológica hace que se retroceda a la lógica, bien que invertida, de la posición moral: la oposición se enfrenta con una carga hipermoralizante a la moralidad del sistema. De ahí el terreno abonado en que se movía la carga moralista explicitada en la campaña electoral del Partido Socialista, a la que debe atribuirse una componente importante del éxito electoral por encima del que ya anticipaban las previsiones más razonables.

El Partido Socialista optó por no retrasar su llegada al poder a las calendas grecas, aun a costa de renunciar a la profundidad en las reformas estructurales pendientes que habría impuesto de inmediato la estrategia del compromiso histórico. Pero ¿qué partido político hubiera actuado de manera distinta cuando la consolidación de la propia Monarquía y el enraizamiento de la democracia en la opinión pública reclamaban ya, de manera generalizada, el experimento de una alternancia del poder en libertad en España?

Han transcurrido más de cuatro años desde entonces. A veces, cuando el calor penetra sofocante por todos los rincones de la Península —el único adversario de talla durante siglos fue siempre el anticiclón de las Azores y lo demás eran molinos de viento que confundíamos con gigantes—, anunciando las invasiones turísticas por el paso de La Junquera, pienso que en otros cuarenta años habrán desaparecido hasta los vestigios de las adherencias de los españoles sobre este suelo milenario.

¿Es cierto —como dice un historiador anglosajón bien intencionado— que su aportación a la cultura universal fue insignificante y que se podría escribir una historia de la civilización occidental, con mayor motivo todavía un esbozo de la especie humana, sin necesidad de mencionar a los españoles? Es probable que así sea, si los historiadores del futuro no se detienen en los fragmentos velados, los agujeros oscuros, las zonas recónditas, los espacios sumergidos en el inconsciente de la larga marcha de los españoles.

A estas alturas, parece evidente que la historia oficial está hueca y que nadie ha rastreado los contornos de un esfuerzo colectivo y coherente por la supervivencia. Parecería cierto que la historia de España no encaja fácilmente en los postulados y metodologías con que se han diseccionado las vivencias de otros estados-nación: basta con asomarse al siglo XIX para contemplar el devenir caótico e inconexo, realmente esperpéntico, de los españoles más próximos.

En relación a otros pueblos, el curso de la historia parece aquí más imprevisible. La falta de sofisticación, la relativa ramplonería de las superestructuras institucionales y organizativas, cuando se las analiza *ex ante*, dejan paso a un sentimiento de sorpresa contundente una vez cristalizados los acontecimientos sucesivos que determinan los perfiles de la sociedad española. Dados aquellos supuestos, nadie se explica fácilmente estos resultados. Nunca lo imprevisto y extraordinario ha estado tan cerca de erigirse en normalidad. Es probable que la historia oficial de España se pueda completar, más que con una historia de los heterodoxos españoles, con un relato de las sorpresas colectivas. El carácter improbable e imprevisto del curso de acontecimientos y personas aparece como rasgo distintivo de una sociedad habituada para bien y para mal a las sorpresas.

Para los habitantes de la Península, la derrota de Cartago frente a Roma fue uno de los primeros prodigios milenarios que cambió el curso de su historia. En el siglo XV, finalizada la Reconquista, la lógica más elemental hubiese debido impulsar a los españoles hacia el sur, adentrándoles en los misterios recónditos de los grandes espacios africanos acostumbrados como estaban durante ocho siglos a perseguir, desalojando de sus territorios a los sarracenos, pero inexplicablemente —con la ayuda de un genovés— dieron media vuelta como un solo hombre y se agolparon hasta los confines del Atlántico. Al dogma recurren los historiadores para explicar la inexplicable ausencia de Europa durante cuatrocientos años a partir del siglo XVI, cuando se contaba con los recursos materiales y geográficos para españolizar el continente de manera que fuera hoy menos ajeno.

Aquí puede siempre no prender —en contra de lo esperado—

la traca final o, por el contrario, salirse el toro del chiquero. Sólo los extranjeros que observan la escena pondrán cara de sorpresa y, por ello, podría reconocerse tan fácilmente a los españoles.

El imperio abrasador, penetrante, insondable del dogma constituye otro de sus rasgos distintivos. La historia oficial, incluida la Inquisición, está pertrechada, atiborrada de ejemplos bien conocidos. Pero ¿acaso ha sabido alguien explicar en virtud de qué programación mental se dividen los españoles en anglófilos y germanófilos entusiastas a raíz de la primera guerra mundial? Financiados por las potencias exteriores, brotaron de pronto como setas centenares de periódicos locales y debates —mezclados de dominó en los casinos— en torno a las culturas y paisajes de Alemania e Inglaterra que muy pocos españoles, por lo demás, habían tenido —o tendrían en sus sedentarias vidas— la oportunidad de conocer, a los que se entregaron con mayor apasionamiento que los propios protagonistas de la contienda.

«Cuando la idea penetra en las masas —decía Marx—, se convierte en una fuerza irresistible.» Las ideas, sobre todo ajenas, parecen encontrar en España su nicho ecológico con una facilidad portentosa. A la manera de un *gadget* novedoso, se hacen rápidamente con una cuota importante del mercado y desplazan al olvido viejas concepciones. Los manipuladores de la opinión pública —en el sentido más profesional de la palabra— aprovechan esta nostalgia insaciable de los españoles por la utopía para montar argumentos esmerados que aglutinen a las almas al margen de sus intereses inmediatos. Los griegos —sólo una parte insignificante de su sistema democrático se refleja en las modernas constituciones— condenaban al *ostrakon*, es decir, al exilio, a los líderes que en la Asamblea hacían gala de un poder de convicción contra el que se estrellaban repetida y sistemáticamente las razones más pedestres de los demás. Cuando el poder de convocatoria superaba los límites de lo razonable para adentrarse en los contornos mágicos de la irracionalidad, la sociedad griega castigaba a los osados oradores con el destierro. ¿Qué líderes españoles más recientes resistirían la prueba del *ostrakon*?

El renacer de las culturas folclóricas, de las *culturetas* y de los mitos en esta segunda parte del siglo xx, a raíz del inesperado fracaso de la razón para adentrarse en los límites de lo desconocido, cuadra perfectamente con la idiosincrasia de los españoles, que, señalándoles con el dedo —a los racionalistas de otros tiempos y lugares—, parecen decirles: *I told you so.*[*]

El premio Nobel de Física Nikolai Basov declaró en Madrid, a comienzos de 1985, que era urgente eliminar el analfabetismo informático porque, en términos del nuevo abecedario del futuro —el de los ordenadores— prácticamente toda la humanidad era analfabeta.

¡Pobre especie humana, casi tres mil años de trabajo tenaz para conseguir que todo el mundo aprendiera el viejo alfabeto, y, cuando todavía quedaban más de mil millones de personas sin saberlo, casi un 25 por ciento de la población mundial recae en el foso de la ignorancia!

Sam Wellers, un personaje de Dickens en *Los documentos póstumos del Club Picwick*, se quejaba ante el cúmulo de esfuerzos que requería el duro aprendizaje del conocimiento: «Es cierto que ahora comprendo cosas que antes no sabía —dijo—, pero, después de haber llegado al final del alfabeto, no está claro que valga la pena soportar tanto para aprender tan poco».

El siglo xx está exigiendo, a los hombres y mujeres que les ha tocado vivirlo, un traumático esfuerzo de adaptación. Es el siglo más bárbaro de toda la historia universal, porque ha presenciado el fracaso de la confianza ilimitada que se tenía en la razón. Los triunfos más espectaculares de la ciencia sólo han producido verdades inhumanas que pueden provocar —en virtud de sus aplicaciones tecnológicas— consecuencias catastróficas para toda la humanidad. El conocimiento exacto de la estructura de la materia

---

[*] Ya te lo había dicho.

y el dominio de los procesos de desintegración atómica representan uno de los mayores logros del espíritu científico, pero abren también un camino que anuncia juegos de artificio escatológicos en cuya magia se consumirá la civilización. En cualquier momento se puede prender ese incendio.

Se diría que la componente arcaica de la personalidad humana ha resultado irreductible. Sólo así se entiende que, después de dos guerras mundiales y una multiplicidad de guerras civiles, en las que se han utilizado los medios de aniquilamiento más sanguinarios, y del exterminio sistemático de poblaciones enteras, se prepare ahora la futura guerra de las galaxias.

A los españoles les distingue también de los demás países europeos su claro estado de disponibilidad para gozar de la libertad que otros, por cansancio o criterios de eficacia, tienden a matizar excesivamente.

La justicia ejecutada paroxísticamente acaba cercenando las raíces de la libertad, y la libertad llevada a su máxima expresión excluye a la justicia de los límites de la convivencia. La ausencia de una y otra durante siglos ha convertido a los españoles en los demandantes más rigurosos de la combinación adecuada de ambas. Si se excluye por motivos obvios a los pueblos europeos acosados por la influencia soviética, no existe otro país en Europa que tenga asumida con el mismo grado de coherencia, fruto de su historia atormentada, idénticas exigencias de libertad y justicia. La pobreza y el abuso descarado del poder político han subsistido en España hasta los mismos umbrales de la modernidad. Las ciudadanas y ciudadanos de este país han sufrido el acoso público y privado contra sus aspiraciones más íntimas y legítimas, se les ha manipulado cotidianamente, tergiversando sus opiniones y reprimiendo el derecho a manifestarlas. Si al contrario de lo que decía Borges el sufrimiento fuese acumulativo, pocos españoles que reflexionasen sobre la historia de sus gentes sobrevivirían a la angustia de tanto abuso indiscriminado impuesto absurda y gratuitamente.

En la misma sala de esta masía en el Bajo Ampurdán, utilizando el mismo escritorio que sirve ahora para articular las reflexiones finales de este libro, solía liquidar su propietario, Feliu Casals, hace escasamente un siglo, las soldadas a sus dependientes y trabajadores en presencia de su abogado Torró. De los escasos manuscritos que Feliu Casals y su hijo Lluis archivaron en uno de los cuatro cajones del escritorio, se desprende mejor que de cualquier manual de Historia el agobiante control que soportaban las mujeres y hombres de una de las zonas más prósperas de España, enfrentados con la lucha por la supervivencia. ¿Qué tramas en las relaciones humanas forjadas por la vida cotidiana no evocarían manuscritos similares en regiones más desheredadas y en tiempos pasados o más recientes?

Feliu Casals i Sabenya nació, en 1827, en La Bisbal y falleció en Llagostera el 19 de octubre de 1905, a la edad de setenta y ocho años. Su hijo Lluís había nacido en el otoño de 1868, y aparte del patrimonio familiar había adquirido, a partir de comienzos de siglo, un cierto volumen de obligaciones de la República de Haití y de la Renta Rusa, entre otras. Como su padre, vivió una larga vida hasta fallecer entrada ya la década de los años cuarenta.

Tenía Feliu Casals varios primos, uno de ellos, José Carreras, de Bordils, que se marchó a Valls, en la provincia de Tarragona, en 1868, tras la muerte en la infancia por enfermedad de uno de sus tres hijos. Se despide de su primo Feliu por carta, a pesar de los escasos quince kilómetros que separan Bordils de La Bisbal, dándole la triste noticia de la muerte de su hijo, al tiempo que le felicita por el nacimiento de Lluís.

Feliu Casals era hombre de gran influencia en la comarca. En los sobres de las cartas de sus abogados de Barcelona y Madrid se le califica de «hacendado». Sus principales ingresos procedían del corcho extraído de los densos bosques de alcornoques de Fonteta para ser vendido, principalmente, al otro lado de los Pirineos. Por ello, era corriente que las viudas —incluida la de Feliu

Casals— fueran a vivir a Francia, algo que hoy parecería inexplicable, en busca de la protección de la red de clientes franceses y la mayor seguridad que el país vecino ofrecía a los viandantes sin escoltas.

La industria del corcho fue uno de los pocos sectores dinámicos después de la guerra de la Independencia. Había empezado en el siglo XVIII y pudo prosperar después de la depresión de 1814 gracias al monopolio de la materia prima. Así y todo, la industria del corcho constituía uno de los ejemplos menos emprendedores y modernos del artesanado catalán: gremialismo exacerbado y brotes de ludismo* le dieron siempre una imagen anticuada y preindustrial.

El masovero Felicià Prats vivía en continua deuda, hasta que pudo dejar en 1874 las tierras que le sustentaban de mala manera después de muchos arreglos y transacciones con el propietario. Se sabe que junto al corcho se cultivaba también algo de viñedos, hasta su desaparición total con la filoxera llegada de Francia. En 1872, en todo caso, le mandan de Figueres cuatro haces de majuelos o sarmientos, en su mayor parte malvasías: «Este año son muy cortos y delgados —lamenta, excusándose por escrito, el suministrador—. Otro año podré proporcionarle mejor plantel.»

Tenía el *manso* de los Sabenya una cantera que daba piedra para picar y hacer cal. Se arrendaba su explotación, durante breves períodos, a distintas personas, como Sebastián Béch, de La Bisbal, hasta que la competencia de un vecino emprendedor le forzó a pleitear durante por lo menos seis años. Todo comenzó porque los señores Poch, padre e hijo, instalaron un horno de cocer cal en el sitio conocido por Moinà, a sólo treinta y tantos metros de las viviendas de doña Magdalena Ferrer, viuda de Valls, don José Valls y don Feliu Casals —la distancia mínima reglamentaria

---

* Movimiento sindical que se opone a la introducción de las máquinas en los procesos industriales.

era de ciento cincuenta metros—. Encabezados por don Feliu, los otros dos eran analfabetos, los perjudicados reclamaron al Ayuntamiento. Además de los perjuicios «ecológicos», había también, ciertamente, un problema de competencia.

No vale la pena narrar los incidentes del procedimiento. Entraron en juego, sin duda, factores políticos. El alcalde, a quien, con la corporación municipal, competía la decisión según la Ley, no se atrevió, evidentemente, a contrariar ni a los Poch ni a don Feliu y remitió el asunto a la Diputación de Girona, que desestimó la reclamación de los perjudicados. Se inició así un laberinto administrativo, un enredo enormemente hilado por picapleitos tan abundantes a la sazón, al que sólo pudo poner fin una Real Orden que anuló todo lo actuado, tras recurso al Ministerio de Gobernación. Comenzaron de nuevo los meticulosos procedimientos y, en 1878, una comisión provincial resolvió que se dejase de cocer cal en el horno de los Poch, acompañando su decisión de un «rapapolvo» al alcalde, que debió agradar al señor Casals y a sus abogados.

Estos abogados defendían, evidentemente, a su cliente. El señor Masaller, uno de ellos, aprovecha un viaje de don Feliu a Madrid —iba con cierta frecuencia a la corte para mover influencias— para que le hable «al señor que usted sabe, o bien a otro que pudiere lograrme una promotoría o registro hipotecario; puede usted asegurarle que soy licenciado en Jurisprudencia del año 52, que trabajé cerca de un año en la Audiencia de Barcelona como abogado auxiliar de su Junta de Archivos sin ninguna retribución, que he ejercido muchos años la profesión en Barcelona, que ya ejerzo cerca de dos años hace en esta villa y que soy sustituto del señor registrador de este partido».

El principal motivo de ese viaje a Madrid era recomendar un pleito de la suegra del hacendado, la de Can Maripont. La principal de esas influencias era la de don Laureano Figuerola, que poco después habría de ser ministro de Hacienda en el Gobierno presidido por Prim. Éste es, sin duda, «el señor que usted sabe». Queda una carta de Figuerola a don Feliu, la de más valor «histórico» de la colección.* Llevaba también don Feliu a Madrid direcciones de diputados y senadores —entre ellos, el marqués de Belmar—, a los que indudablemente tenía acceso.

Tenían los Casals una amiga, doña Eudalda Mercadal. Compone la figura de la «señorita de pueblo». De escritura afectada y en general redicha, se invita reiteradamente a la masía en la época de la *pela del suro*, que evoca con chichés de mala literatura. La familia no parece muy interesada en recibirla y suena a disculpa lo que le contestan. Sólo en 1867 parece verosímil la alusión a lo difícil que resultaría el viaje en aquellas circunstancias, aun en compañía del «amigo» que Eudalda pide le busquen. Doña Eudalda pertenece claramente a otro mundo, incluso en su visión «geórgica» de las labores del campo.

Volviendo a los abogados, el más cercano al señor de Sabenya parece ser don José Torró. Él es quien firma por deudores y sirvientes que no saben firmar y actúa de testigo en anticipos y entregas de dinero. Don Feliu indica siempre dónde tienen lugar éstas, muchas de ellas «en la sala» o «en el balcón de la sala», en presencia de Torró. Torró le escribe también las cartas en castellano, que firma el señor con otra letra. Las notas de don Feliu están siempre en catalán, con la ortografía más o menos caprichosa de la época. No parecen de persona inculta, pero tampoco muy letrada. El único elemento «cultural» que se encuentra en la colección de documentos es un número de la revista catalana *L'Atlàntida*, de septiembre de 1899.

Don Feliu recibía invitaciones a los bailes del casino El Bisbalense, para los días 15, 16 y 17 de agosto, que era, entonces como ahora, la fiesta mayor de La Bisbal.

Prestaba dinero, no se sabe si con interés, ni cuál. Algunos de los préstamos eran de cantidades relativamente cuantiosas, como

---

* ¡Breve y prometedor gobierno de catalanes aquel de Prim y Figuerola!

el de mil quinientas pesetas que le piden Teresa March e hijos en 1895. Otros eran de pequeñas cantidades, como el de nueve onzas a un señor de Peratallada, que debía ser clérigo o seminarista, pues los necesita para libros de Teología. Algunos eran hipotecarios, como el de cinco mil pesetas que cobra al venderse el manso Sala de Calonge. Recibía gallinas como censo de viñedos y avellanos.

Contrataba don Feliu a sirvientes, cuyas cuentas figuran en la «Libreta de notas y soldadas», que abarcó de 1870 a 1903.

Se trata de hombres y mujeres, probablemente muy jóvenes, sobre todo las mujeres, ya que con frecuencia trata con los padres, a los que incluso hace pagos directamente. Algunos de los hombres se van a quintas, lo que indica también su juventud. Proceden de los pueblos de la comarca en su mayoría; los hay de Fonteta, Vulpellach, Peratallada, Ultramort, Sant Climent de Peralta, Serra, Cruïlles, Parlavà. Entre los de La Bisbal aparece Lluís Ponsati, que sirvió de diciembre de 1899 a abril de 1900, *«y s'en ha anat a hogar en altra part»*. Muy pocos de los sirvientes duran más de un par de años en su trabajo. Las mujeres ganan la mitad que los hombres.

Alrededor de veinte o cuarenta reales al mes, respectivamente, en 1870, y alrededor de siete y quince pesetas, también respectivamente, en 1900.

El señor les hace anticipos continuamente: para comprar esparteñas, para comprar camisas o faldas, para llevarle unas pesetas a los padres cuando iban a la fiesta mayor.

En algunos casos, se fija sueldo distinto para los meses de invierno —menos— y de verano —más.

El sistema de «tornadas» consistía en que por cada día de ausencia —por enfermedad, visita a la familia u otros motivos— tenían que prestar, a veces, hasta «tres» de trabajo. Con esto y los anticipos, poco era lo que se llevaban a la hora de la liquidación «en presencia del abogado Torró». Queda anotada la suma de dinero pagada a Llorenç por pagar la cura de un hueso que se le había roto. Y resulta enigmático el pago de dos duros a María Cunill, *«que va dir servirian per los gastos de aser padri de la criatura de la jove*». A veces, es la *mestresa* quien paga las soldadas.

Los hijos de aquellas gentes tienen hoy derecho al voto y comparten, cuando menos, la ilusión colectiva de que las normas de liquidación ya no puede dictarlas el señor Sabenya, con la ayuda de su abogado Torró, desde la gran sala. ¿A quién puede extrañar en estas circunstancias que los españoles sean hoy, de todos los países europeos, los más exigentes —como les ocurre a los norteamericanos de primera generación— en el ejercicio de la libertad y, en general, de los grandes sueños colectivos de nuestra época, como el bienestar social o incluso el proyecto de unidad europea?

Frente a los escépticos sería útil recordar que, históricamente, una identidad nacional no se hereda únicamente, sino que se deciden sus contornos y contenido en momentos cruciales de la historia de los pueblos. Las identidades que se nutren en exclusiva de la huella del pasado son más características de sectas que de verdaderas naciones.

Los nuevos escenarios, sin embargo, hay que construirlos con los mimbres disponibles y sería iluso pensar que los comportamientos sociales a que se hará referencia en las conclusiones finales han evolucionado también con la misma rapidez e intensidad. Los cambios en las actitudes mentales son de por sí mucho más lentos que las alteraciones impuestas a los sistemas de producción, y de ahí que en un marco de libertades profusas pervivan y hasta dicten el estilo de vida los viejos demonios. Uno de ellos es el populismo.

La sociedad española ha aprendido a valorar en mayor medida las promesas demagógicas de las raras personalidades que han sabido liderarla con sentido colectivo, que los razonables ordenamientos destilados por una multiplicidad sin fin de decisiones programáticas, constituciones y normativas legales. El populismo se nutre de un hecho bien sencillo: el Estado como suministrador de bienes públicos no ha funcionado nunca, y en esto coincide con el balance de los líderes carismáticos; pero éstos tienen sobre aquél la indudable ventaja de que en el intento personalizado las gentes pueden reencontrarse a sí mismas formando parte de un proyecto colectivo, mientras el Estado sólo genera rechazo.

El derrumbe del Estado benefactor en España ha ido a la par de la ignorancia cultural e ideológica de las clases dirigentes, que sólo en contadísimas ocasiones lograron recabar para su escala de valores el respeto y admiración de los administrados. Incluso en niveles cotidianos, la ausencia de una verdadera tradición cultural en las elites dirigentes las induce a imitar los valores populares frente a cuya vitalidad e ingenio se han rendido siempre. La aristocracia española, y una buena parte de los profesionales y hombres de letras, cuenta chistes, va de copas y aprende a bailar sevillanas: el pueblo llano estudia inglés porque ha descubierto por su cuenta, y trascendiendo a sus dirigentes, que es preciso conformarse a patrones de otros lugares y de otra condición. ¡Qué contraste con la machacona persistencia con que las madres de las clases medias inglesas intentan inculcar a sus hijos pequeños un buen acento y, en términos generales, los patrones culturales de sus clases dirigentes!

Lo que el profesor Akerlof, de Berkeley, califica de *loyalty filters* puede redundar, efectivamente, en beneficio de los propios filtros elitistas, pero su existencia, cuando no es el fruto del azar o la imposición, puede contribuir a impulsar decisiva y simultáneamente los fines colectivos.

Sin patrones válidos que imitar en otras escalas sociales, los ciudadanos españoles buscan naturalmente y se acomodan también en política a los patrones populares. El populismo es una manifestación complementaria de la falta de liderazgo cultural, de atractivo y de valores arraigados por parte de aquellos a quienes el acceso a la riqueza y a la educación debió colocarles en condiciones óptimas para suministrarlos.

De ahí los peligros incalculables que se derivan de toda acción de Estado que no tienda a prestigiarlo con criterios de eficacia y modernidad. El desmoronamiento en curso de la sanidad pública, en donde los españoles después de colas interminables se enfrentan con quirófanos contaminados; de la Administración de Justicia, cuyo recorrido se inicia en secretarías desconcertantes presididas por el teclear monótono y bidigital de una vieja Hispano Olivetti; de los sistemas de transporte público, que por falta de imaginación y medios no han asumido todavía el doble compromiso de tratar con dignidad a sus usuarios y de contribuir a mejorar la competitividad de la industria española frente a sus socios del exterior. En definitiva, que el Estado no suministre en la práctica, o lo haga con gran ineficacia, el nivel mínimo de bienes públicos a que se ha comprometido, alimenta las distorsiones políticas características de la vida española, impide prestigiar su intervención necesaria y hace imposible que arraigue lógicamente en la opinión pública y en la clase política el verdadero sentido de Estado.

Los políticos tendrán que reflexionar tarde o temprano ante la creciente paradoja de unos avances científicos y tecnológicos que alteran drásticamente la manera de nacer, vivir y morir de los españoles, y el atraso de la ciencia política para organizar armoniosamente la convivencia social. En el mejor de los casos, esa convivencia se regula mediante esquemas liberales diseñados en el siglo XVIII y, en el peor de los casos —que son la mayoría—, en virtud de dogmas predemocráticos que suponen un atropello intolerable de la libertad y de la dignidad humana.

Se agiganta cada día la desproporción entre los adelantos espectaculares proporcionados por la comunidad científica y la parálisis de que hacen gala los detentadores del poder político. La opinión pública, lógicamente, se percata de esta diferencia inexplicable y empieza ya a sugerir a los políticos que se familiaricen con los métodos científicos y que expliquen, si no los motivos profundos de su tremendo fracaso como gerentes de ofertas de servicios mínimos en los campos de la sanidad pública, regímenes de pensiones, transportes colectivos, redes de comunicación, administración de justicia y de una enseñanza sincronizada con las exigencias del futuro en lugar de las hipotecas del pasado.

Se ha dicho que los desequilibrios financieros de la Seguridad Social son tan graves que todavía se podrán garantizar los derechos adquiridos de los pensionistas actuales, pero no los derechos de los futuros pensionistas, es decir, de los que ahora están trabajando. Curiosa suerte la de la gente de esta generación: han disfrutado por primera vez del subsidio de desempleo —una de las mayores conquistas sociales, pero que hubieran preferido no tener que estrenar—; es la generación que más impuestos ha pagado en toda la historia de España, si no es la primera generación que los paga de verdad gracias a la modernización e informatización de las administraciones fiscales. Y, a pesar de todo esto, resulta que no sabe a ciencia cierta cuál va a ser la cuantía de sus ingresos cuando llegue el momento de engrosar los cinco millones de pensionistas a los que ahora atiende la Seguridad Social, dedicándole la mitad de todos sus gastos.

El esfuerzo de reflexión conjunta sobre el tema de la Seguridad Social que el Gobierno reclama a los españoles surge, por supuesto, a raíz de la crisis económica. Las altas tasas de crecimiento características del pasado permitían garantizar una cierta estrategia de igualdad sin que nadie, en términos absolutos, estuviera peor que antes.

El estancamiento económico que han sufrido los países europeos durante estos últimos diez años ha tenido dos efectos dramáticos: por un lado, ha exacerbado el impulso distributivo, porque la justicia social es menos soportable en un horizonte de escaseces, y, por otro, la crisis económica provoca la ruptura del consenso social y conduce a la bipolarización de actitudes que hacen imposible concertar sosegadamente un proyecto de la envergadura de la Seguridad Social.

En el caso español, la situación es particularmente delicada desde el punto de vista social, porque la aparición de los mecanismos de la Seguridad Social fue mucho más tardía que en los demás países europeos. Los españoles llegaron con mucho retraso a disfrutar de las conquistas de los sistemas de seguridad social y, por eso, aceptan difícilmente que puedan cuestionarse tan pronto. Existe el temor lógico de haber pasado de la barbarie de la desprotección frente a la pobreza, a la decadencia de los actuales sistemas de seguridad sin haber disfrutado de la civilización.

Y, sin embargo, cuanto más arrecian las críticas a la Seguridad Social, más obvio resulta que nunca fue tan necesario desde la segunda guerra mundial pulir y perfeccionar sus mecanismos. En unos momentos en que tantos países industrializados deben hacer frente a un desempleo de magnitud jamás visto, en el que se obliga a muchos trabajadores a acogerse anticipadamente a la jubilación, y en que la ruptura del lazo matrimonial ha reemplazado la viudedad, como el máximo riesgo traumático que corre la mujer casada cuyas responsabilidades familiares le impidieron desempeñar empleos remunerados, en momentos como estos, lo que hace falta es profundizar y tensar los resortes solidarios y en modo alguno debilitarlos.

En el campo de los transportes, millones de españoles sufren todos los días el calvario de circular por las carreteras. La odisea de escalar puertos detrás de un camión inexpugnable es uno de los rasgos ciertos que distancian inequívocamente a los españoles del resto de Europa.

A los errores pasados —a un tráfico de mercancías exageradamente alto por carretera— se acaba de añadir ahora otro de cara al futuro: el Gobierno decidió que las autopistas no eran rentables y prefirió ampliar una red más modesta de autovías, aunque el índice de accidentes en esta modalidad del transporte por carretera sea más elevado. Se trata de un error estratégico de largo alcance que puede hipotecar el desarrollo turístico del país.

En los años cuarenta, ningún francés se habría creído que veinte años después un país como España le arrebataría el protagonismo turístico. Y en los años ochenta, pocos españoles están dispuestos a aceptar que, dentro de veinte años, países como Túnez o Grecia pueden arrebatar a su vez este palmarés codiciado de los ingresos de divisas. La gran ventaja comparativa de España con relación a esos futuros países competidores radica, precisamente, en la facilidad del acceso directo por carretera que los trescientos millones de europeos tienen cuando consideran la alternativa de pasar sus vacaciones en España. Y la única manera de garantizar este acceso masivo sería potenciando una red de autopistas que debiera ser no la peor, sino la mejor de Europa.

Un país como España, en los años ochenta, que piense en el año dos mil, no puede darse el lujo de descartar un proyecto que mejora directamente los niveles de bienestar de los españoles de ahora y asegura el de la generación próxima, atendiendo exclusivamente a su rentabilidad económica interna. Es un error aislar la decisión de construir una autopista del contexto general en que España debe competir. Desgraciadamente, las grandes líneas de transporte europeo tienen ya de por sí una orientación noroeste-sureste que favorece más bien a los futuros competidores de España. Y lo mismo ocurre con el gran proyecto Trans-European-Motorway que debe cruzar toda Europa.

La aversión de determinados sectores de la Administración española hacia las autopistas es comprensible, pero no puede justificarse. Su rechazo viene alimentado por el recuerdo de las fortunas amasadas por algunos constructores antes de la crisis económica, gracias a privilegios inusitados que el Estado concedió a los grupos financieros patrocinadores de aquellos proyectos de infraestructura. Pero basta con hacer las cosas bien y no conceder ahora aquellos privilegios. Como dijo Gide, «con los buenos sentimientos se puede hacer muy mala literatura».

Si la nación española es capaz de sobreponerse a las ineficacias de todo género que ahora abruman a sus ciudadanos, particularmente a los más débiles, dentro de cuarenta años no sólo habrá preservado su identidad, sino que estará en condiciones de aportar a otros proyectos colectivos de horizontes más amplios su profundo rechazo frente a las injusticias y abusos del poder recientes y, por encima de todo, su empeño apasionado de que el ejercicio de la libertad presida las relaciones de producción que han generado los nuevos escenarios. La gran ventaja comparativa de España con relación a sus competidores es —como se sugiere en la conclusión del libro— su predisposición para aprender, en unos momentos en los que la península Ibérica se va a convertir de nuevo en el teatro de confluencias ideológicas y experimentales, de modo similar a lo que ocurrió en los años treinta, pero sin los caracteres marcadamente antagónicos de entonces.

Capítulo 7
El futuro más allá de Europa, del liberalismo y de la macroeconomía

> «A theory which offends realists, rationalist and/or those who believe in our power to change the world for the better is unlikely to gain wide support.*
>
> KEN COLE, JOHN CAMERON Y CHRIS EDWARDS,
> *Why economists disagree*, Longman, Londres, 1984

Hace cincuenta años los españoles protagonizaron el ensayo general de una guerra ideológica que arrasó Europa. La nación española se quedó marginada y dividida entre vencedores y vencidos. Hoy, España está integrándose en el grupo de países que combinan un sistema político democrático con la economía de mercado. Esta participación progresiva en la vida del mundo occidental corresponde a un deseo mayoritario: ser español —entre otras cosas—, generalmente, significa querer este cambio, aunque las esperanzas que fomentan esta voluntad de cambiar son necesariamente tan diversas como las informaciones y los criterios que los españoles usan para juzgar el atractivo de los modos de vida occidental.

Sin lugar a dudas, la península Ibérica se va a configurar en los

---

* «Una ideología que sea inaceptable para los pragmáticos, racionalistas y/o para los que están convencidos de nuestro poder para mejorar el mundo, está condenada al fracaso.»

próximos diez años en una nueva encrucijada de confrontaciones económicas, doctrinales y hasta deportivas con la celebración de los Juegos Olímpicos en Barcelona, que, al contrario de los años treinta, cristalizarán por la vía pacífica de la libre concurrencia.

La atracción ejercida por las condiciones de vida y formas de pensar, actuar y organizar occidentales conlleva una imitación frecuente indiscriminada. Pero no puede olvidarse que el mimetismo y eclecticismo frente a Occidente, al iniciarse la apertura al exterior, no es el monopolio de los españoles. También caracterizó el comportamiento de los japoneses desde la restauración de Meiji, en 1868, a los primeros años de la posguerra.* Ahora bien, así como Don Quijote vivió una vida de «segunda mano» interiorizando la visión del mundo y los deseos y anhelos de Amadís de Gaula, España no conseguirá más que una integración de «segunda mano» si no supera su afán de imitación subalterna, es decir, si no consigue una asimilación innovadora que defina su propia identidad.

Todo dependerá de que la sociedad española sea capaz de abordar, simultáneamente, cuatro grandes proyectos colectivos:

—Relegar definitivamente al pasado los viejos demonios que hasta ahora han condicionado excesivamente sus estructuras mentales y de comportamiento social. Para ello será preciso —como se sugiere a continuación— reformar los mecanismos decisorios de los españoles cuando sean incompatibles con las nuevas exigencias de la modernidad e integración a Europa.
—Posicionarse, desde un punto de vista ideológico, en las nuevas corrientes del pensamiento que intentan articular una síntesis entre los planteamientos liberales y socialdemócratas, superando la nítida división del trabajo —como se ha dicho en el capítulo 5— entre los defensores de la ética y de la economía.

---

* Así opina, por ejemplo, el polifacético politólogo y conocedor profundo de la Ilustración europea Masao Maruyama (véase M. Maruyama, «Denken in Japan», en *Bochumer Jahrbuch zur Ostasienforschung*, IV, 1981, págs. 1-70).

—Penetrar de lleno en la economía global, asimilando comportamientos que no son necesariamente característicos de Europa cuando no contradigan los principios del antiautoritarismo y la solidaridad social en los que se basa, todavía hoy, la legitimidad de sus patrones organizativos y su autoridad moral. Por encima de todo, se trata de aceptar —como ha sido tradicionalmente el caso en la zona emergente del Pacífico que la educación y formación profesional son una responsabilidad colectiva y permanente de toda la sociedad.
—Sacudirse el yugo de las actitudes globalizantes en materia económica, adentrándose por el camino mucho más concreto y renovador de las políticas de innovación social y tecnológica. Desde la profundidad de la crisis, la salvación de una región en dificultades puede no llegar del resto del país. Por ello es preciso que se identifiquen las necesidades locales y surjan las soluciones a nivel local.

Relegar al pasado los viejos demonios

Los economistas se percatan ahora de que, lejos de ser irrelevantes, los esquemas organizativos y los mecanismos de decisión internos pueden —gracias a la revolución de las comunicaciones— incidir decisivamente sobre el entorno de las empresas o colectivos sociales.

En estas circunstancias no es lógico, a la hora de diseñar un proyecto económico, relegar al olvido la necesidad de reformar los esquemas organizativos y los canales por los que se influencian los mecanismos de decisión. Uno de los errores más comunes en los que se ha incurrido durante la década de los ochenta es el de creer que existe un patrón ideal de tipo organizativo que puede aplicarse indistintamente a la generalidad de los países, al margen de los patrones culturales. Dos ejemplos bien conocidos en la sociedad española deberían bastar para iniciar la exploración de esa línea de pensamiento. Todos aquellos que de una manera u otra han participado en la apertura de este país al exterior por el canal de su integración en el Mercado Común constataron de qué manera insospechada subsistían los comportamientos nacionalistas y la influencia de las administraciones nacionales en un escenario teórico e institucional de convergencia y uniformización. Sorpresas similares se han llevado todos los economistas que, en el curso de los últimos quince años, han intentado difundir en los medios empresariales técnicas de gestión surgidas en Estados Unidos como subproducto de sus patrones culturales y psicológicos, con resultados a menudo catastróficos cuando se aplicaban en otros escenarios.

Las dimensiones psicológicas o comportamientos colectivos que caracterizan a un país como España han sido apuntados en la literatura tradicional, unas veces, y en estudios estadísticos otras, pero rara vez con la profundidad y sistematización necesarias. Y, no obstante, para explicar lo que ha sucedido en términos económicos, tanto como para perfilar el programa de reformas necesarias, es indispensable recordar las singularidades más evidentes de los españoles.

Una de las cuestiones fundamentales de la vida social es la manera que tiene cada país de enfrentarse al fenómeno desconcertante de la desigualdad. Unas sociedades tienen mayor tendencia a convivir con las desigualdades sociales, mientras que otras tienden a eliminarlas en la medida de lo posible y a impedir que encuentren su reflejo en las escalas del poder político y de la riqueza. Algunos sociólogos han medido esta propensión a la desigualdad utilizando la dimensión de «distanciamiento del poder». *A nivel organizativo, el distanciamiento del poder se refiere al grado de centralización y de liderazgo autocrático.* Y ocurre que el centralismo y el liderazgo autocrático están enraizados en la programación mental de los españoles, no sólo en los estamentos políticos, sino también, por desgracia, en los ciudadanos. Aquellas sociedades en las que el poder político tiende a estar distribuido de manera desigual pueden perdurar en esta condición, precisamente porque satisface la necesidad psicológica de dependencia de la gente que carece del poder. La autocracia existe tanto en los líderes como en los ciudadanos, y en cierto modo el sistema de valores de los dos colectivos es complementario. Países como Dinamarca, Austria o Israel arrojan en los estudios sociológicos efectuados un distanciamiento mínimo del poder, y, en cambio, otros como Francia, Bélgica, Italia y, particularmente, España, un distanciamiento muy pronunciado.

Sería muy tentador recurrir a simplificaciones como ésa para explicar algunos de los misterios y peripecias de nuestra historia particular, pero no sería menos arriesgado olvidarse de *este* dimensionamiento social a la hora de perfilar la futura organización social vinculada, por ejemplo, al crecimiento extraordinario del sector servicios que puede conducir en España a una economía dual en la que la información, los conocimientos, la inteligencia y el poder en definitiva estén en manos de unos pocos, y unas condiciones de trabajo alienantes sean las características de los demás.

La otra singularidad de la sociedad española tiene que ver con su manera de afrontar la incertidumbre dimanante de un futuro que nunca se llega a desentrañar del todo. Hay países que consiguen convivir de manera sosegada con niveles aceptables de incertidumbre. Se trata de ciudadanos que aceptan las cosas como son y que no les importa tomar determinados riesgos. Al no sentirse amenazadas por las opiniones de los demás, estas sociedades generan niveles elevados de tolerancia y, en términos generales, muestran muy poco rechazo frente a la incertidumbre natural a sentirse a salvo.

Otros países, en cambio —y éste es el caso de España—, continuamente amenazados por el futuro, que no pueden predecir, y tienen una tendencia natural a vivir en una ansiedad constante que exacerba sus niveles de emotividad y agresividad. En España ha existido tradicionalmente (y la Transición democrática no ha alterado esta situación) un fuerte rechazo frente a la incertidumbre.

La incertidumbre se puede combatir de varias maneras. Mediante el crecimiento económico y el desarrollo de las nuevas tecnologías, la sociedad se protege de los imponderables que pueden surgir en cualquier momento. Los expertos constituyen para determinados pueblos verdaderas válvulas de seguridad frente a la incertidumbre porque su prestigio, resultante de la acumulación de conocimientos, les coloca más allá de la incertidumbre a ojos de los demás.

Países como España han preferido hasta ahora recurrir —más que a los avances tecnológicos y sosiego impartido por expertos— a la proliferación de leyes y regímenes jurídicos farragosos que intentan descuartizar y compartimentar cada una de las incógnitas posibles que el futuro reserva. Y junto al profuso marco legal ha pervivido como válvula de seguridad la religión, entendida en su sentido más amplio, es decir, comprensivo de ideologías, dogmas o movimientos que predican los impulsos contemplativos. De alguna manera, todas las religiones hacen tolerable la incertidumbre, porque todas contienen el mensaje de que más allá de la incertidumbre existe algo que trasciende la realidad personal. En este tipo de sociedades figuran religiones que reivindican la verdad absoluta y que toleran difícilmente la existencia de otras religiones.

Este fuerte rechazo frente a la incertidumbre es característico de todos los países mediterráneos y de Japón, entre otros. En cambio, el rechazo es extremadamente débil en países como Estados Unidos, el Reino Unido, Suecia o Noruega.

Las implicaciones de estas constataciones de cara a la organización económica y social del futuro son importantes. En lo que toca al «distanciamiento del poder», que la sociedad española acusa en grado notorio, es obvio que constituye uno de los grandes obstáculos que se interponen en el camino hacia la sociedad más participativa y que en los contextos actuales implica por necesidad una sociedad menos innovadora. La participación y la innovación son dos de las claves de la modernidad, que conviven difícilmente con la actitud que los españoles han tenido tradicionalmente frente a la distribución del poder y la riqueza.

En cuanto al rechazo frontal ante la incertidumbre, tampoco es arriesgado asumir que las clases trabajadoras serán seguramente capaces de aportar dosis significativas de lealtad y tesón a su trabajo, siempre y cuando tengan el sentido de que la clase empresarial les devuelve esa dedicación, en términos de protección, de una manera parecida a como antaño veían correspondida su entrega a unidades familiares muy amplias con la protección dispensada por el grupo familiar. A nivel de Gobierno, un país que como España dé muestras de un fuerte rechazo frente a la incertidumbre, exigirá con toda probabilidad —y esto ayudaría a comprender algunas de las inercias actuales— que la entrega y dedicación al trabajo o a un proyecto nacional se vea correspondido con una garantía de protección explícita en ciertas rigideces del mercado laboral o en exigencias de cobertura más amplia en materia de seguridad social. Incidentalmente, no es difícil anticipar el éxito de todas aquellas medidas de política social que pretenden evitar despilfarros y sanear la gestión de la Seguridad Social, ni el fracaso rotundo de las decisiones que, por mimetismo hacia lo que ha ocurrido en países sobreprotegidos, intentan reducir el ámbito de cobertura social en un país eminentemente indefenso como España.

De las escasísimas investigaciones efectuadas sobre las actitudes de los españoles frente a la revolución en curso en el tratamiento de la información se deducen conclusiones contradictorias: la opinión pública española está menos familiarizada con el uso de ordenadores personales y el tratamiento científico de la información que la gran mayoría de los países industrializados. Teme los efectos negativos que sobre el nivel de desempleo supuestamente puede ejercer la introducción de estas nuevas tecnologías y, sin embargo, ansía su diseminación en mayor grado que cualquier otro país europeo. Se diría que el temor a exacerbar todavía más los escandalosos niveles de desempleo impuestos a la sociedad española, por la falta de rigor y de imaginación de sus clases dirigentes, pesa menos que la concienciación generalizada de que los mecanismos de decisión en España no están fundamentados en el análisis y tratamiento objetivo de la información disponible y que, de alguna manera, los beneficios de racionalizar la toma de decisiones que permite la informatización del conocimiento compensarán los miedos atávicos a la incidencia de la apertura al futuro.

¿Cuáles son los restantes factores sociales y culturales que condicionan la toma de decisiones en España? La tercera singularidad se manifiesta en el escaso número de personas que intervienen en los mecanismos de decisión en las distintas facetas de la vida cultural, social y económica. La responsabilidad de decidir es el privilegio o la hipoteca de un colectivo reducido de personas del que, por regla general, no forman parte ni los jóvenes ni las mujeres ni los ancianos. La toma de decisiones en España está en manos de un grupo insignificante de sexo masculino, comprendido entre los cincuenta y los sesenta años en el sector de la producción y entre cuarenta y cincuenta años en la vida política. España es la democracia menos participativa de Europa.

La toma de decisiones entraña siempre la manipulación previa de la información disponible, la puesta en pie de equipos de trabajo y la difusión a la organización o a la sociedad de los objetivos acordados. Las graves deficiencias en materia de acceso a la información, la capacidad de trabajar en equipo y de comunicación han convertido los mecanismos de la toma de decisiones en España en un proceso impredecible, unas veces, o fácilmente predecible otras, en virtud de las mediocres razones que los sustentan. La toma de decisiones se asemeja a una conspiración continuada contra lo que de otra manera sería el subproducto natural de los organigramas reales sedimentados por la experiencia colectiva. Y contra el influjo de los condicionantes objetivos se confeccionan árboles de decisiones enraizados en subjetivismos de todo tipo y móviles arcaicos.

Los estudiosos del comportamiento de los españoles se han fijado tradicionalmente en la envidia que corroe a las instituciones y a las personas, que obliga a cambios constantes del organigrama en las empresas, a reformas políticas cuyo único móvil parecería ser el de desacreditar a los que precedieron en el cargo.

En España, al mercado de ideas y del conocimiento le ocurre como al mercado monetario: ni es transparente ni flexible ni profundo. La fama, el reconocimiento de igualdad de oportunidades, sólo está verdaderamente reconocida en la lotería nacional. La riqueza está peor distribuida que en el resto de Europa; el trabajo está todavía peor repartido que la riqueza, y la facultad de decidir, más injustamente compartida que el trabajo.

El significativo papel jugado por la envidia en la toma de decisiones no es, sin embargo, una característica específica de la psicología colectiva, sino el resultado del retraso con que llegan a España la revolución industrial y posterior mejora de los niveles de bienestar. España puede reivindicar para sí el triste privilegio de ser el último país europeo capaz de erradicar el hambre masiva hasta bien entrado el siglo XIX y de rescatar de la memoria colectiva, en pleno siglo XX —con motivo de la guerra civil—, imágenes y escenarios medievales.

El comportamiento envidioso no es más que el reflejo ineluctable de ese desfase en el desarrollo económico. La incidencia de la envidia en la toma de decisiones hay que vincularla a lo que Galbraith llamaba los comportamientos inherentes al círculo cerrado de la pobreza. En una situación en la que la sociedad no ha sido capaz de garantizar el mínimo material que asegure la supervivencia física de las personas no cabe el progreso técnico porque la innovación es siempre el resultado de asumir riesgos. Ninguna persona razonable puede asumir los riesgos inherentes a la innovación cuando el objetivo prioritario sigue siendo el de la simple supervivencia física. Desde una óptica estricta del análisis coste-beneficios, la solución óptima en un medio de pobreza absoluta es no innovar: garantizar la supervivencia no asumiendo riesgos que en caso de equivocación tendrían efectos literalmente letales.

En las sociedades condicionadas por el círculo cerrado de la pobreza, las personas que deciden, contra viento y marea, asumir el riesgo de experimentar nuevas formas de cultivo en la agricultura o de invertir en instrumentos nuevos en la artesanía ponen en peligro su propia existencia en caso de fracaso y actúan contra el sentido común. Cuando se intenta innovar partiendo de niveles inferiores a los de la pura subsistencia, se están violando las mínimas normas de seguridad que han sido aceptadas de manera generalizada por el resto de la sociedad. En esas condiciones, el fracaso de la innovación significa la muerte cierta del innovador. El éxito improbable supone la negación de las normas elementales de la sociedad sumida en el círculo cerrado de la pobreza y, lógicamente, el despertar de la envidia como fenómeno social. El éxito no es nunca el fruto razonable del trabajo, sino el resultado de una trasgresión social que empieza por uno mismo. En esas condiciones, el innovador será objeto de la envidia generalizada por parte de sus conciudadanos.

La moral de éxito característica de las sociedades industriales no está justificada ni legitimada en las sociedades cuyo objetivo prioritario era la supervivencia en un entorno de acoso y pobreza. Dentro de cincuenta años, la literatura española habrá dejado de aludir a la envidia como un componente significativo de la toma de decisiones.

Los mecanismos de decisión en España arrojan otro rasgo distintivo: el desprecio subyacente por la experiencia que denota la supuesta capacidad de improvisación. La predilección por el corto plazo, el rechazo visceral a permitir que los condicionantes de futuro modulen las decisiones cotidianas tienen, lógicamente, su contrapartida en la negativa a otorgar al fruto de la experiencia su valor real de mercado. Hay un pasaje en *El Quijote* que siempre había intrigado a Azaña: al caballero de la triste figura se le rompió el yelmo que le protegía la cara en sus escaramuzas. Y mandó sustituirlo por otro de ocasión. Lo que intrigaba a Azaña —al reflexionar sobre la condición de los españoles— es que Don Quijote partiera hacia nuevas batallas sin haber comprobado si el yelmo remendado funcionaba. Para Don Quijote, lo importante era contar con el yelmo, como exigían los libros de caballerías, y lo de menos, que funcionara.

A finales del segundo milenio, la sociedad española sigue embrujada por este rechazo total a las virtudes de la experimentación concreta y de la prueba.

Los experimentos de lo concreto pertenecen a un colectivo singular de españoles que se han afanado, a menudo con horarios extenuantes, por acumular una experiencia que nadie a su alrededor está dispuesto a incentivar o primar. En los niveles jerárquicos superiores circulan accionistas, consejeros y ejecutivos cuya función principal se reduce a vestir en el mejor de los casos, y a desvestir en otros, los resultados que los experimentadores consiguen exprimir de los mecanismos empresariales. En la política, la subestimación de la experiencia alcanza límites escandalosos, y la naturalidad con que se acepta la condición de diputado sin haber experimentado previamente los entresijos de la administración local, o la de ministro sin contar con la experiencia previa a nivel legislativo, demuestra cuán arraigado está en el comportamiento de los españoles el desprecio de la experiencia acumulada como soporte de los mecanismos de decisión.

Como cabría esperar de un pueblo que prescinde olímpicamente de la experiencia propia a la hora de decidir su futuro, los españoles quedan prendados de las experiencias ajenas y adoptan a menudo actitudes beatas frente a corrientes del pensamiento y las modas del exterior. Es sorprendente descubrir hasta qué punto los mecanismos de decisión cotidianos están impregnados de reflejos miméticos con los que se pretende incorporar a la vida española políticas y estilos que han demostrado tener éxito más allá de los Pirineos. Los últimos diez años están repletos de mimetismos de esta clase, con un doble común denominador: el entorno concreto y específicamente español no logra jamás impregnar la retina de los protagonistas —de la misma manera que el entorno social de Don Quijote, lleno de injusticias lacerantes y multitudinarias, no le inspiraba su voluntad de deshacer entuertos que sólo podían nutrirse de las quimeras de los libros de caballería.

El segundo componente del mimetismo nacional frente al exterior es su falta de rigor, su carácter intermitente, la deformación grotesca de los cánones extranjeros alimentada por el aislamiento secular, la falta de compenetración con los perfiles concretos de los escenarios y la mediocridad de las transposiciones efectuadas. De esta manera, los sectores dirigentes en España se han ido apropiando indebida y sucesivamente de experiencias exteriores que eran el resultado laborioso de una conjunción de esfuerzos pluridisciplinares. Una tras otra se asumen y manipulan las revoluciones ideológicas, que quedan carbonizadas en cuestión de segundos en las manos de protagonistas, cuya fugacidad y mediocridad volverían a inspirar hoy aquella manifestación álgida del escepticismo universal que Shakespeare ponía en boca de Hamlet: «*Life is but a walking shadow...*».*

Distanciamiento del poder, rechazo frente a la incertidumbre, posicionamientos vinculados al círculo cerrado de la pobreza, indiferencia ante el valor de mercado de la experiencia concreta. Como factor determinante de la toma de decisiones en España, aparece también el amiguismo, característico de las sociedades desconfiadas frente a la ineficacia del Estado.

Cuando los gobiernos no están a la altura de las circunstancias y defraudan una y otra vez las esperanzas legítimas de los ciudadanos, se produce un repliegue atávico buscando seguridad y protección en las células primarias de los clanes familiares, de los gremios o de los entes corporativos.

La autodefensa y conquista de posiciones dominantes, ejerci-

---

* «La vida no es más que una sombra que pasa.»

das en otros países recurriendo a las solidaridades gestadas en prestigiosas instituciones educativas —el famoso *old boys network* en el Reino Unido—, no tienen paralelo en España. Aquí el amiguismo, sorprendentemente, es decir, el apoyo y promociones recíprocas con animo de ampliar el ámbito del poder y seguridad de un colectivo determinado de personas, no se remonta jamás a los orígenes educativos. Las instituciones más prestigiadas de la enseñanza secundaria o universitaria nunca fueron capaces de generar este tipo de solidaridades duraderas. Los grupos acaparadores de influencias o de poder se distinguen netamente de sus homólogos extranjeros por su disparidad social y generacional, por la ausencia de puntos de referencia fácilmente objetivables y por su carácter infinitamente más reducido en número.

Las solidaridades reconocibles que genera el paso por la Escuela Nacional de Administración en Francia tienen su origen en una institución de enseñanza que está abierta a todos los que sean capaces de superar las pruebas de ingreso, y aglutina colectivos homogéneos en el sector de la información y de los conocimientos. El amiguismo en España está en el extremo opuesto de estos procesos: los colectivos decididos a garantizarse mutuamente la seguridad en el trabajo, la influencia y el poder no suelen sobrepasar una docena de personas. La chispa que provocó inicialmente las solidaridades recíprocas surgió del azar o de la pertenencia a clanes familiares. Ni siquiera los cuerpos de la alta Administración del Estado fueron capaces de generar equipos confabulados para la conquista de posiciones de poder. Paradójicamente, en el seno de estos cuerpos subyacen odios y rivalidades de tipo individual que rara vez permiten actitudes colegiadas.

El amiguismo en España es fundamentalmente azaroso y familiar y, tal vez por culpa de esta envolvente primaria y visceral, en el sentido más literal de la palabra, es también de los más ciegos y rudos en el ejercicio de sus intereses.

La conocida debilidad de las células sociales intermedias, la ausencia de espíritu asociativo, la abdicación de los partidos políticos en sus tareas de formación y movilización social han permitido que el amiguismo se adhiera como una hiedra parásita en puntos neurálgicos del cuerpo social.

La práctica del amiguismo supone un atentado constante a los valores fundamentales de la igualdad de oportunidades que debieran caracterizar un sistema democrático y sólo puede pervivir en aquellas sociedades en las que la información, el conocimiento o la inteligencia no han podido consolidarse como factores determinantes de los mecanismos de decisión.

Más allá del liberalismo

El pensamiento hegemónico de Europa y Estados Unidos es, hoy, el liberalismo, cuyo lema —en una primerísima aproximación— es «¡más libertad!» (y no simplemente «más mercado y menos Estado»), un lema al que se añade una advertencia: «El sueño de la razón produce monstruos», como apuntaba Goya en uno de sus «Caprichos».

España tiene la oportunidad histórica de fijar su identidad definiendo su posición frente a la riqueza de las corrientes del pensamiento liberal y no frente al presunto magma al que parecen aludir la mayoría de los políticos liberales cuando, a fuerza de no matizar, renuncian a establecer diferencias entre Nakasone, Reagan, Kohl, la primera ministra británica, Habermas, Hayeck o Friedman. La apertura del espíritu es su principal recurso. En la historia de España figuran antecedentes singulares: piénsese, por ejemplo, en Francisco Suárez, uno de los fundadores del Derecho Internacional, o en uno de los precursores de Suárez, Francisco de Vitoria, que opinaba, refiriéndose a las tendencias aislacionistas:

Contra ius naturale est ut homo hominem sine aliqua causa adversetur. Non enim homo homini lupus est, ut ait Comicus sed homo.*

Medio siglo después de la guerra civil, los españoles y los demás pueblos de Europa pueden protagonizar un renacimiento del liberalismo más allá de la Escuela de Chicago, con su confianza en la perfección del sistema de mercado liberado de intervenciones estatales y más allá también del pensamiento libertario, antiburocrático y hostil al reinado anónimo de las leyes económicas, que rechaza proyectos comunes y se dedica a propagar el arte individual de vivir.

Estas convicciones y comportamientos son a la vez opuestos y complementarios, como las actitudes de los personajes volterianos Pangloss y Cándido, que, respectivamente, creían en el mejor de los mundos y en la necesidad de cultivar el jardín individual.

Pangloss y Cándido también habitan en la España contemporánea: los optimistas inquebrantables con respecto a un sistema económico basado en la empresa privada tienden a una visión maniquea de la realidad social: «O defendemos conscientemente la libertad de mercado o nos dejamos avasallar por el colectivismo».** Estas aseveraciones se comprenden fácilmente cuando se analizan las virtudes que imputan al sistema preferido: «El capitalismo ha respondido a todos los desafíos del pasado, presente y responderá adecuadamente a los del futuro. Retornar al capitalismo es el gran objetivo generacional, pues sólo el capitalismo es capaz de generar más y mejor riqueza, a la vez de preservar todas las libertades. El capitalismo lleva a la democracia como el río lleva agua a los océanos *(loc. cit.)*».

---

* «Que un hombre se enfrente a otro sin causa alguna es contrario a la ley natural. Pues los hombres no son lobos el uno para el otro, como dijo el Cómico, sino hombres.» F. de Vitoria, *Relectio de Indis*, Consejo Superior de Investigaciones Científicas, Madrid, 1967. La expresión «el Cómico» en aquellos tiempos, naturalmente, se refería a Plauto y no a Hobbes.

** Juan Rosell Lastortas, Juan Torras y Joaquín Trigo, *Crear 80.000 empresarios*, Plaza & Janés, Esplugues de Llobregat, 1985.

Para los libertarios, en cambio, «tanto los sistemas liberales como los colectivistas son subsistemas dentro del monopolio del gran Leviatán Salvador».* Y nos recomiendan «no ser sordos al mensaje que contienen los retornos —a veces gustosamente románticos— a la vida cotidiana o la respetable idea de que ya no podemos cambiar el mundo; hagamos, sin embargo, más habitable el barrio o encontremos el cordón umbilical de la mejor humanidad desde mi jardín, sin mediaciones que se consuman en su mero mediar» .

Tanto los economistas, que confían exclusivamente en las fuerzas del mercado, como los filósofos, que sólo confían en el poder de la imaginación, enarbolan la bandera de la «libertad». Los unos se refieren a Adam Smith; los otros, a Diderot. Ambos han heredado fragmentos del pensamiento del Siglo de las Luces, cuyas crisis y catástrofes inspiraron a Voltaire a crear los personajes de Pangloss y Cándido. Un liberalismo más allá de estas posiciones ideológicas será un liberalismo que consiga la Ilustración de la Ilustración, recordando la frase de Jorge Santayana: «Aquellos que no se acuerdan de su pasado están condenados a repetirlo».

Este nuevo liberalismo no será un liberalismo «de economistas» o «de filósofos», ni «de empresarios» o «de políticos», sino de todos estos grupos —o no será—; lo que equivale a decir que el nuevo liberalismo supone la creación, precisamente, de esta esfera pública que rechazan y olvidan los que simplemente alaban el libre comercio o la floricultura. En Francia, Gran Bretaña, Alemania, Italia y también en España, la generación que en estos años accede a los puestos dirigentes tiene una formación realmente internacionalista. Es esta generación española la que tiene los instrumentos afinados para un nuevo concierto liberal.

Tanto Aristóteles como san Agustín o santo Tomás de Aquino valoraban la libertad de pensar y actuar. ¿Qué es entonces lo que

---

* Javier Sádaba, *Saber vivir*, Ediciones Libertarias, Madrid, 1985.

distingue la noción liberal de libertad? Como muestra convincentemente Werner Becker,* este concepto está íntimamente ligado a la visión del mundo que subyace el desarrollo de la ciencia empírica moderna.** Esta visión implica el abandono de la ontología platónico-aristotélica que también había dominado el pensamiento medieval. Según esta ontología, el mundo se divide en la esfera de las «esencias» eternas —«la realidad»— y la esfera de las «apariencias» pasajeras, a las que también pertenece el hombre como ser mortal. La metafísica moderna, en cambio, niega la existencia de la esfera de las esencias y concibe «la realidad» como un mundo empírico compuesto de hechos y entidades singulares. Lo que es general y universal, por tanto, es considerado meramente producto del pensamiento humano.

La revolución de la visión del mundo, implicada en la transición del punto de vista «esencialista» a la perspectiva de un «subjetivismo nominalista», también cambió radicalmente el concepto de ética. Mientras que el pensamiento platónico aristotélico creía poder descubrir las «verdaderas» normas éticas en la esfera de las esencias —y por consiguiente proporcionaba una legitimación extrasubjetiva a los preceptos éticos—, el pensamiento empírico-científico no puede basar la validez de las normas éticas en lo que concibe como realidad objetiva. Esta realidad, además, es interpretada de modo determinista, es decir, suponiendo que todos los acontecimientos son explicables por leyes causales. Aquí radica la necesidad de considerar la libertad individual —una característica humana no afectada por nociones deterministas—

---

* En «Liberalism's Notion of Freedom and the philosophical "Weltbild" of Modern Time», trabajo presentado en un Interlaken Seminar on Economic Analysis and Ideology (1982), organizado por Karl Brunner (Berna y Rochester). E. Becker es catedrático de Filosofía en Francfort.

** Véase también Alasdair MacIntyre, *Tras la virtud*, Crítica, Barcelona, 1987, especialmente el capítulo 7.

como fundamento ético de normas políticas y sociales; no se plantea la ética si sólo hay determinismo, y la ética sólo surge de la existencia de la libertad individual.

La posibilidad de pensar y actuar libremente, por tanto, es una característica del comportamiento humano, que forma parte del pensamiento medieval y de la filosofía política moderna. Lo que distingue el concepto liberal de la libertad es su función como base ética de normas universales, que arranca del rechazo de una legitimación religiosa de las normas éticas y de la aceptación de una definición empírica de la realidad.

Hobbes presenta al ser humano como impulsado por el deseo de riqueza y gloria y por el temor a una muerte violenta. De estas pasiones deriva la necesidad de un Gobierno que evite la lucha de todos contra todos. En este caso, el Estado es simplemente un mecanismo que los individuos usan para proteger sus vidas, libertades y propiedades. Para Rousseau, en cambio, el Estado no es un simple instrumento para facilitar el logro de fines privados, sino un instrumento para formar la personalidad de los ciudadanos en un entorno democrático e igualitario. En esta teoría del Estado, Rousseau suponía que la naturaleza humana no se caracterizaba por pasiones fijas: el hombre no teme la muerte, ni ama la gloria, ni busca riquezas, a no ser que la sociedad se lo enseñe; además, sus sentimientos muestran una tendencia innata a la compasión y la amistad.

Para ambos pensadores, la libertad es un valor fundamental. Hobbes y Rousseau, y sus sucesores respectivos, representan dos tradiciones distintas que también caracterizan el pensamiento político contemporáneo. Los primeros conciben la sociedad como inherentemente conflictiva. Así, Buchanan[*] reemplaza al monarca de Hobbes por la Constitución, que no es sino una tregua más o menos permanente. Mientras Buchanan considera que la unani-

---

[*] J. Buchanan, *The Limits of Liberty*, University of Chicago Press, Chicago, 1975.

midad de las decisiones políticas es una necesidad derivada de la protección de los derechos de la minoría, J. Habermas,* uno de los sucesores de Rousseau, cree que la unanimidad debe surgir de la discusión racional.** La supuesta posibilidad de esta armonía social se basa en la hipótesis de que un debate público debidamente estructurado puede producir informaciones y motivaciones que permitan definir y realizar el bien común.

Ante el espectáculo político que se vive a diario, la idea del consenso racional parece tan atractiva como utópica*** frente al proyecto hobbesiano de un compromiso óptimo entre intereses irreduciblemente opuestos. Ante una vida política cuyo guión más bien parece haberlo escrito Hobbes que Rousseau, pero menos dogmático con respecto a la naturaleza humana que estos pensadores, el nuevo liberalismo deberá combinar una misantropía provisional con la esperanza de descubrir nuevas posibilidades de progreso humano y social; como Ilustración de la Ilustración, deberá superar la oposición poco fructífera entre los defensores de un orden social espontáneo —garantizado por un Estado que se limita a impedir la guerra civil— y los partidarios del perfeccionamiento colectivamente razonado y organizado de la sociedad.

Una reconciliación fructífera de estos enfoques teóricos se podría lograr mostrando que sus respectivas áreas de aplicación pueden ser complementarias. Así, por ejemplo, Hayek, uno de los representantes de la tradición de la «Mano Invisible» —la idea de los efectos sociales no intencionados, pero beneficiosos, de las ac-

---

* Véase, por ejemplo, J. Habermas, *Conciencia moral y acción comunicativa*, Trotta, Madrid, 2008.

** Esta idea tiene similitudes sorprendentes con la descripción de los mecanismos de decisión en monasterios budistas y otras organizaciones japonesas, que S. C. Kolm presenta en *Sortir de la crise*, Hachette, París, 1984, capítulo 25: «*Japon: faut-il être bouddhiste pour croître?*».

*** J. Elster ofrece una crítica constructiva en *Uvas amargas: sobre la subversión de la racionalidad*, Edicions 62, Barcelona, 1988.

ciones individuales—, concibe la competencia económica como un proceso que descubre las características de los deseos individuales de bienes materiales y servicios. Este punto de vista teórico que Hayek comparte con Buchanan* implica que la competencia es un procedimiento generador de informaciones como lo es el método científico.**

De igual manera, Habermas propone un procedimiento que permita descubrir aquellas normas sociales que representan un interés común para todos los afectados. La validez de estas normas se basa en el entendimiento mutuo conseguido mediante una discusión racional entre todos. La necesidad de esta participación generalizada se debe a que cada participante es la última instancia para juzgar sus verdaderos intereses y a que, sin embargo, la interpretación de los intereses propios tiene que ser criticable por los demás participantes.

El proyecto filosófico de Habermas puede definirse como la demostración de que la fuerza del mejor argumento es capaz de asegurar por sí sola la selección de normas éticas unánimemente aceptadas.

Lo que distingue a Habermas de sus precursores en este proyecto es precisamente lo que tiene en común con Hayek y Buchanan: Desde Diderot, con su paraíso polinesio, hasta Rawls, con su «estado original», el intento de justificar normas éticas implicaba un ejercicio intelectual que cada individuo podía realizar por sí solo. Habermas sostiene, por el contrario, que la justificación de normas éticas requiere un esfuerzo colectivo de los individuos afectados. El filósofo, por consiguiente, puede proponer reglas mo-

* J. Buchanan, «Rights, Efficiency, and Exchange: The Irrelevance of Transactions Costs», en *Paper prepared for presentation at Verein für Sozialpolitik, conference on property rights*, Basel (Suiza), 1983.

** Véase, por ejemplo, K. R. Popper, *La lógica de la investigación científica*, Tecnos, Madrid, 1973.

rales como participante en una discusión racional, pero no puede justificarlas como resultado de su monólogo experto.

Buchanan define el papel del economista de manera análoga, considerando que una regla institucional es eficiente cuando se basa en el asentimiento explícito o implícito de todos los individuos involucrados. Hayek, por su lado, resalta la capacidad del mercado de determinar aquellos precios que reflejan la escasez relativa de los bienes y alaba a los españoles Luis Molina y Juan de Lugo,* que ya en el siglo XVI consideraban que el «precio matemático» dependía de tantas circunstancias particulares que sólo Dios podría conocerlo.

El enfoque teórico común de pensadores generalmente considerados tan dispares como Habermas, por un lado, y Hayek o Buchanan, por otro, consiste en que comparten la idea de que la racionalidad de ciertos sistemas sociales supera la racionalidad de sus componentes individuales: tanto la justificación de normas éticas como la determinación de precios eficientes son concebidos como resultado de la inteligencia superior de ciertos procesos sociales. En ambos casos, esta inteligencia se aplica a la realización de los intereses comunes o congruentes de los individuos del sistema social considerado.

El modelo de Habermas presupone que el participante sea un hombre o mujer de carácter kantiano, es decir, capaz y dispuesto a actuar de acuerdo con la evaluación moral de sus intereses egocéntricos. Como muestra Sen,** la introducción de este tipo de fenómenos morales en el análisis económico implica la necesidad de concebir al individuo como un sujeto caracterizado por varios órdenes de preferencias simultáneos y jerárquicamente ordena-

---

* F. A. V. Hayek, «The Pretence of Knowlegde», en *New Studies in Philosophy, Politics, Economics and History of Ideas*, University of Chicago Press, 1978.

** A. K. Sen, «Rational Fools: A Critique of the Behavioral Foundations of Economic Theory», en *Philosophy and Public Affairs*, vol. 6, 1976-1977.

dos que reflejan convicciones morales y consideraciones de bienestar personal.

La disposición de un individuo a actuar de acuerdo con el imperativo categórico kantiano u otro principio moral, generalmente dependerá del contexto social: elegir un comportamiento honesto y altruista en un mundo donde reinan la sinceridad y la benevolencia no es lo mismo que decidir comportarse moralmente en un mundo inmoral. Si los individuos no arriesgan la aplicación unilateral de reglas morales, la mera observación de su comportamiento no revelará sus preferencias éticas: el que todos actúen como egoístas no excluye la posibilidad de que todos prefieran un comportamiento recíprocamente altruista. En este sentido, la simple emisión de votos políticos y económicos en democracias representativas y mercados competitivos no revela lo que los individuos quieren «verdaderamente». También en este caso, la discusión pública juega un papel imprescindible. A nivel psicológico, parece razonable concluir que lo que se quiere verdaderamente no depende de un «verdadero» objeto de nuestra voluntad, sino de nuestro modo de querer. Análogamente, tanto Buchanan como Habermas consideran que el modo de organización social —libre competencia o discusión racional— determina la voluntad común de los miembros de un grupo social.

La «voluntad común» es, en términos de Rousseau, una «voluntad de todos» en el caso de Buchanan y una «voluntad general» en el de Habermas. Esta discrepancia puede interpretarse como una versión contemporánea de la distinción entre *burgeois y citoyen*, es decir, entre dos facetas posibles de un mismo individuo que representan la interiorización de la distinción entre sociedad civil y esfera pública. Sin embargo, en la teoría de Buchanan el *homo economicus* ha invadido la política, el *citoyen* ha desaparecido y la arena pública se ha convertido en un mercado donde el libre intercambio de favores y amenazas determina exclusivamente las decisiones políticas.

El pensamiento de Buchanan modela la supremacía absoluta de la sociedad civil y de la «Mano Invisible». Por consiguiente, concibe la selección de instituciones como un proceso que sólo responde a consideraciones de utilidad y funcionalidad: reglas institucionales nunca pueden ser más que reglas de tráfico eficientes. De manera análoga, Hayek cree que la evolución de las reglas morales se parece a la evolución de las especies biológicas. Esta idea es inaceptable para los que, como Habermas, niegan que argumentos morales (y los sentimientos correspondientes) se puedan reducir a criterios de utilidad, aun cuando se trata de conceptos de bienestar social. La posición teórica de Habermas implica que una sociedad puede perder su estabilidad a pesar de su éxito económico, si no es percibida como justa.

Buchanan pinta un panorama socioeconómico donde imperan armas y dinero, intereses exclusivamente privados y razones puramente instrumentales. Lo que no pinta, pero que completaría el cuadro, es la imagen de la Torre de Babel en el trasfondo: *a los individuos les falta un lenguaje común para dilucidar cuestiones morales.* Con su teoría de una «ética discursiva», Habermas ataca la aceptación fatalista de este trance. Este debate es indispensable si se quiere explorar la posibilidad de elaborar conceptos de justicia más allá del criterio de Pareto[*] de los economistas.

Para los defensores de la idea de la «Mano Invisible», como Hayek, el intento conscientemente razonado de crear un sistema de normas éticas sólo puede ser calificado como inmodestia intelectual o arrogancia ignorante. No obstante, hoy sí parece posible la construcción de un «puente» entre las dos tradiciones de pensamiento ilustrado que se desarrollaron hace más de doscientos años a uno y a otro lado del canal de la Mancha. Es preciso ampliar el esquema conceptual que opone simplemente Estado y mercado

---

[*] Un estado de la economía es eficiente en el sentido de Pareto, cuando ya no es posible aumentar el bienestar de un individuo sin disminuir el de otro.

—o democracia y capitalismo, *citoyen* y *bourgeois*, o precios económicos y decretos políticos—, que rige la oposición entre los que temen que demandas populares o intereses burocráticos eliminen libertades económicas y los que temen que la necesidad de crear un clima saludable para las inversiones debilite la soberanía del ciudadano.

Junto a mercados y jerarquías también existen «comunidades», es decir, instituciones sociales, cuya capacidad de coordinación depende en primer lugar de un conjunto de valores comunes a todos sus miembros. Dicho de otra manera, al panorama socio-económico de Buchanan es preciso añadirle el fenómeno de la solidaridad, porque muy probablemente la trilogía «dinero, armas y solidaridad» es más realista: ni el funcionamiento del mercado ni el de burocracias. estatales o privadas se pueden estudiar adecuadamente sin asumir esta tercera dimensión.

En el artículo de política económica más influyente de la posguerra, Milton Friedman basaba su concepto de la «tasa natural de desempleo» en la idea de un equilibrio general walrasiano que incluye las fricciones que caracterizan las economías reales.[*] Pero Friedman, como escribe Robert Lucas, su ex colega en Chicago y diseñador principal de la teoría de las expectativas racionales, no fue capaz de especificar matemáticamente este sistema walrasiano. Lucas, por su lado, en su intento de construir el fundamento microeconómico de la hipótesis monetaria que postula la capacidad autorreguladora del sector privado de una economía capitalista, diseña un modelo en el cual la estabilidad del equilibrio no es un teorema, sino un axioma. En este modelo, los agentes económicos son econometras capaces de analizar los futuros equilibrios generales de la economía. Lucas supone que los agentes económicos pueden resolver sus problemas usando un cálculo de probabi-

---

[*] M. Friedman, «The Role of Monetary Policy», en *American Economic Review*, marzo 1968.

lidades. Por tanto, excluye la omnipresencia de situaciones de incertidumbre que subyace en las teorías de Hayek y Keynes.

En definitiva, los que se proclaman defensores de la idea de la «Mano Invisible» citando simultáneamente a Debreu y Friedman, Hayek y Lucas, para demostrar lo que ya de antemano les parecía conveniente ver justificado, ejemplifican las reglas del discurso puramente ideológico: para un fin práctico, cualquier medio teórico es lícito.

Hace algo más de doscientos años que Adam Smith publicó su tratado sobre la *Riqueza de las Naciones*, y entretanto este libro no sólo ha constituido el origen de un grupo profesional como el de los economistas o ha sido la fuente de inspiración de un movimiento político como el liberalismo, sino que también ha conquistado el espíritu de sociedades enteras. Este libro ha contribuido, probablemente más que ningún otro, a la comprensión de las conquistas del mundo moderno: libertades individuales y bienestar económico.

Estas conquistas deben ser irreversibles. Pero el liberalismo no puede limitar su tarea a la defensa de este progreso; porque un desarrollo del mundo a la imagen de la *Riqueza de las Naciones* ha creado problemas a los que ni este libro ni la tradición de pensamiento que ha fundado pueden responder adecuadamente. A los que en la lengua franca del mundo moderno simplemente pregonan *Back to Adam Smith!*, debería responderse: «De acuerdo, pero al Adam Smith entero». En la «Teoría de los sentimientos morales» se ofrecía una perspectiva teórica complementaria a la de su libro más famoso: una explicación empírica de la solidaridad entre seres humanos basada en el sentimiento de lo que Adam Smith llamaba *sympathy*, es decir, la capacidad de ponerse en el lugar de otro y de identificarse con sus sentimientos. Con esta explicación, Adam Smith anticipa una teoría de la identidad personal que en su día contribuyó a la elaboración de la ética discursiva de Habermas.

Las dos tradiciones principales del pensamiento ilustrado contienen la idea de que las estructuras sociales deben permitir la revelación y la realización de los verdaderos intereses y deseos de los individuos. Es en este contexto donde debe profundizarse para considerar el papel que pueden desempeñar comunidades y solidaridad. Y sólo así puede un nuevo liberalismo encontrar fuentes adicionales de inspiración en Adam Smith —más allá de la simple confrontación entre los que alaban la sabiduría inconsciente de la «Mano Invisible» y los que creen en la reconstrucción racional de sociedades enteras—. Mientras no suceda esto, Europa deberá conformarse con la continuidad de estériles debates, o imprimir carácter de urgencia a la asimilación mimética de valores todavía ajenos y lejanos.

Más allá de Europa

Las raíces del desencanto en Europa, el estancamiento de las ideas y de sus economías, no pueden imputarse exclusivamente al funcionamiento de los sistemas económicos. Aunque se ha producido un cambio radical en los esquemas productivos, la crisis, al igual que en otras ocasiones históricas, tiene también componentes extraeconómicos. Como afloró tímidamente del repaso doctrinal con que se inició este capítulo, las ideas en Europa llevan prácticamente siglo y medio sin cambiar. Las estructuras políticas, sociales y culturales no se adaptan ya a los retos de las demandas sociales ni a las infraestructuras tecnológicas que requieren hoy soluciones globales a escala planetaria.

Europa se encuentra en una encrucijada similar a la de finales de la Baja Edad Media, con la dificultad adicional de tener que adoptar en esta ocasión unas decisiones susceptibles de afectar irreversiblemente al tránsito por el tercer milenio, en función de las opciones asumidas en el campo de la ingeniería genética o la implantación a gran escala de sistemas informáticos de inteligencia artificial:

La crisis de la sociedad occidental es el reflejo de la inadecuación de los modelos políticos, económicos y culturales para ordenar las nuevas contradicciones que vienen surgiendo durante la adaptación a la nueva era tecnológica.

Como alternativa al modelo de sociedad de consumo, el nuevo sistema emergente tiene que proporcionar soluciones a los grandes problemas heredados: reducción de las desigualdades entre países ricos y pobres, defensa y reconstrucción del medio ambiente, institucionalización de diálogos constructivos permanentes, planificación de mercados, energías no contaminantes, y tantos otros. Para poder alcanzar estos objetivos, se cuenta con los recursos físicos necesarios que permitirían transcender los actuales retos, desde la recuperación del equilibrio ecológico, hasta la energía inagotable y limpia por fisión nuclear. Las hipotecas actuales dimanan exclusivamente del corsé impuesto por los sistemas políticos nacionales, y, por ello, se encuentra ya en gestación —a raíz de las presiones incipientes— el nuevo sistema planetario y pluralista. Para España en particular, la irrupción en la economía global debe constituir su objetivo prioritario.

Este tránsito gradual viene, por otra parte, caracterizado por una cuestión que me ha preocupado durante años y que fue abordada desde una perspectiva general en *España Sociedad Cerrada, Sociedad Abierta*:* el desencanto. Se trata de una de las características más preocupantes de la vida social actualmente, y una de las claves previas a resolver con vistas a orientar el nuevo marco cultural.

El próximo Renacimiento ya no podrá circunscribirse, como en los siglos xv y xvi, al redescubrimiento de valores culturales etno-

---

* Ediciones Grijalbo, Barcelona, 1982.

céntricos europeos —en aquel momento, el legado del helenismo— y ni siquiera occidentales, ateniéndose a las fronteras culturales de hoy. El segundo Renacimiento deberá basarse en paradigmas interculturales sin más limitaciones que las físicas del ámbito planetario heterogéneo mediante la interacción permanente que proporciona la revolución de las comunicaciones.

El desencanto que sufre hoy una gran mayoría de los ciudadanos es el de un modelo de sociedad que no cuenta con los refuerzos de conducta de una cultura que motive a sus individuos. Si a nivel doctrinal —como se acaba de explicar en este capítulo— es imprescindible injertar la esfera de la solidaridad en el discurso tradicional entre mercado y Estado, a nivel económico, social y cultural será preciso también injertar nuevas experiencias perfectamente localizadas geográficamente.

Las tensiones que genera la nueva sociedad tecnológica y la economía internacional ya no pueden ser entendidas ni abordadas a largo plazo exclusivamente desde categorías culturales estrictamente occidentales: es imprescindible partir de un análisis integrado que se nutra de otros marcos culturales de referencia. El mundo que se construya para los próximos cien o doscientos años no puede sencillamente seguir sin comprender fenómenos socioculturales extraeuropeos, como el fundamentalismo islámico o el sincretismo oriental. La propia revolución tecnológica ofrece ya unos materiales valiosísimos para construir estos puentes de comunicación: las telecomunicaciones digitales vía satélite y pronto a través de cables ópticos; las nuevas generaciones de microordenadores que permitirán la proliferación de innumerables aplicaciones, hoy monopolio de muy pocos, desde traducciones simultáneas en cualquier idioma hablado o escrito, gracias a programas más complejos e «inteligentes», rompiendo las barreras idiomáticas, hasta acceder en nanosegundos a cualquier información elaborada por el hombre en los últimos cinco milenios.

Es obvio que, ante esos y otros muchos cambios por llegar, habrá que evolucionar culturalmente hacia otra clase de animal humano: la educación permanente será el parámetro básico de la vida social. El resultado de este esfuerzo sumirá a la especie humana en un proceso de creación continua, porque se habrá generado el caldo de cultivo que los procesos de innovación requieren.

Como tantas otras veces a lo largo de la historia, los políticos, en momentos de crisis, acaban ineludiblemente recogiendo el testimonio de los filósofos. La tarea principal de los filósofos ha sido siempre la de pensar y encontrar respuestas a las inquietudes sociales. Entre ellos, como entre los científicos, surgen de vez en cuando mentes privilegiadas capaces de abrir ventanas hacia el futuro y de sacar a su entorno social del *impasse* al que con regularidad cíclica se ve abocada, más pronto o más tarde, toda civilización. Son los magos de la principal herramienta humana: el pensamiento. Con él y a través de un proceso analítico —el gran descubrimiento del mundo occidental—, en el que ponen a prueba sus extraordinarias dotes de observación y conocimiento de las relaciones sociales, se adelantan siempre a su época y articulan puentes conceptuales para vadear los obstáculos de las limitaciones humanas.

Todas las sociedades, desde las primitivas y remotas hasta las más avanzadas, necesitan de estos expertos para poder sobrevivir. Las primeras cuentan con los precursores de los filósofos: brujos, hechiceros o sacerdotes paganos. Proporcionan respuestas, aunque sean mágicas y estáticas, a problemas concretos. Los filósofos necesitan, sin embargo, un crisol fundamental para que sus ideas fertilicen: un nivel mínimo cultural y técnico, una sociedad pluralista, heterogénea y descentralizada o con múltiples centros independientes de poder. No es extraño que la civilización jónica, la Grecia de las *polis*, la Italia de los pequeños Estados renacentistas, los Países Bajos o los Estados alemanes hasta 1871, produjeran la mayor parte del pensamiento filosófico y político occidental y al propio tiempo fuesen centros de desarrollo científico.

Los políticos se encargan, cuando las presiones de las demandas sociales son ineludibles, de poner en práctica las ideas de los filósofos. Éste es un proceso complicado porque la tarea principal de los gobernantes es sobre todo la de administrar. No es factible «parar» sencillamente la vida social y administrativa mientras se ponen en marcha las nuevas estructuras, salvo que esto ocurra, naturalmente, por la vía del cambio revolucionario. Las transformaciones que propugnan hoy los filósofos, sociólogos y expertos en ciencia política, no se limitan a un cambio político, sino que tratan de dar cauce a una verdadera revolución cultural. La componente básica de esta revolución será la influencia propiciada por un nuevo mundo cada vez menos distante, más interdependiente y más universal, que hoy ya se encuentra bañado por unas mismas aguas, el océano Pacífico.

Con el nacimiento de esta región, el planeta se hace más pluralista, descentralizado y menos bipolar. El político de hoy, a diferencia del príncipe de ayer, no puede actuar autónomamente. Se encuentra condicionado por una miríada de factores a los que sirve. De ahí, una vez más, la importancia del Pacífico como espacio donde cristalicen los nuevos paradigmas. De ahí, también, la importancia de familiarizarnos con esta importante parte de nuestro globo.

Dentro de muy poco tiempo, en 1992, Europa, y España en particular, celebrarán los quinientos años del inicio de la colonización europea del continente americano. Esta fecha, de tan importantes connotaciones para el mundo europeo, podría marcar también el comienzo de una nueva era: la del declive del mundo atlántico y la emergencia paralela del todavía hoy complejo, diverso e inarticulado mundo del Pacífico, como nuevo marco de referencia. El catalizador de este cambio no es otro que la tecnología y sus más recientes aplicaciones en el campo de las comunicaciones y de las telecomunicaciones, que ya han posibilitado el inicio del más grande sueño de la humanidad: vencer la tiranía de la distancia, ese tremendo condicionante físico que, a pesar de los constantes esfuerzos e imaginación de la civilización para acortarla y de los gigantescos saltos conseguidos, ha hipotecado la acción humana, desde la época de los primeros descubrimientos. En la región del Pacífico, gracias a esta nueva dimensión tecnológica, probablemente antes de veinticinco años se acortará el tiempo de vuelo de Londres a Sydney, de las actuales veinticinco horas a apenas dos, gracias a las nuevas técnicas aeroespaciales abiertas por la lanzadera espacial norteamericana, o a las ya conseguidas en el campo de las videocomunicaciones, que permitirán celebrar teleconferencias electrónicas con traducción digital instantánea entre personas situadas a decenas de miles de kilómetros. Sin necesidad de desplazarse, la sociedad del Pacífico se verá liberada de unos condicionantes geográficos y culturales, que han limitado hasta ahora sus posibilidades de articulación como región, con intereses políticos, económicos y culturales compartidos. El impacto de su actual poder económico y liderazgo tecnológico puede tener, en este contexto, consecuencias de un alcance insospechado.

Japón, Estados Unidos, Corea del Sur, Taiwan y Hong-Kong contribuyen al 50 por ciento del comercio mundial. Sorprende, por tanto, que sólo contadas personalidades del mundo político europeo sean conscientes de la emergencia de esta nueva región y del progresivo desplazamiento del eje atlántico como centro decisorio internacional. Los síntomas están ahí: no sólo Japón se ha convertido ya en la segunda potencia industrial de Occidente, sino que, lo que resulta más sintomático, Norteamérica tiene en la actualidad un volumen comercial con la región del Pacífico superior al existente con Europa Occidental.

Aunque se trata todavía de una región por definir, con partes integrantes muy inmaduras para pensar en alianzas políticas, culturalmente muy plurales y heterogéneas, con niveles de desarrollo económico muy dispares, y geográficamente muy alejadas, es hoy, a pesar de todo, la región más dinámica del globo, especialmente en el contexto de crisis de originalidad de la Europa actual.

Si, a diferencia de antaño, los europeos no dan con el modo de reaccionar rápidamente y con el nivel de respuestas acordes que exigen los nuevos retos planteados por la nueva era tecnológica, es muy probable que el eje del nuevo sistema global que emerja de la crisis actual se desplace definitivamente a la región del Pacífico y que Europa quede relegada a un papel marginal.

El Pacífico noroccidental constituye una zona de mercados libres enfocada al comercio internacional, compuesta por cinco países de economía de mercado (Japón, Corea del Sur, Hong Kong,[*] Taiwan y Singapur)[**] y por otros dos socialistas (R. P. China y Corea del Norte). Todos ellos —comunistas o capitalistas— tienen un común denominador: el arraigo de la cultura y tradiciones confucianas, del mismo modo que Europa enraíza su tronco cultural común en la tradición platónica o aristotélica. Es decir, cuentan con antepasados comunes, comparten en gran medida un sistema ideográfico común de escritura, tienen lazos familiares muy agudizados y creen firmemente en la movilidad social y en la educación como camino principal para asegurar la selección de los más aptos. Piensan y están organizados de manera diferente a Europa. Su visión del humanismo les lleva al respeto ciego de la tradición y del diálogo. El poder, como la sociedad, se apoya en el contacto humano y no en principios abstractos recogidos en las leyes. Sus esfuerzos se encaminan invariablemente a conservar las relaciones humanas por encima de las reglamentaciones, potenciando la tolerancia, el ajuste mutuo, la mediación como método de resolución de conflictos. Por ello, el área en el que se encuentran ubicados podría denominarse Confuasia. Representan el 26 por ciento de la población mundial, a pesar de cubrir únicamente el 8 por ciento de la superficie terrestre, y aglutinan el 14 por 100, aproximadamente, del Producto Económico Mundial.

La exportación constituye su modo de vida, más que una acti-

---

[*] No es Estado independiente.
[**] Pertenece a la ASEAN, pero se le considera confuasiático a estos efectos.

vidad o una especialización. Un país tan pequeño como Taiwan exporta más que España, Brasil, Sudáfrica o Venezuela. El núcleo de su estrategia se apoya en dos principios básicos: la diplomacia en su sentido más amplio y la competitividad tecnológica. Su consigna social es crecer, a pesar de la adversidad, y progresar en común, a pesar de la diversidad.

El éxito de las políticas de exportación de estos países no obedece únicamente a ventajas competitivas concretas. Los niveles de calidad, diseño, innovación y competitividad no son primordialmente producto de una política empresarial, sino resultado de un sistema económico perfectamente integrado cuyo valor de conjunto excede al de la suma de sus partes. El éxito, por regla general, procede invariablemente del sistema, gracias a una educación social que infunde a partir de la escuela los principios básicos sociales: orgullo por el trabajo bien hecho, lealtad a la empresa y aceptación de sacrificios a medio plazo para favorecer objetivos a largo. Este factor de alineamiento de la educación social a las exigencias de los procesos de producción caracterizó a los países confuasiáticos, que tienen, desde un punto de vista económico, a Japón como modelo de referencia. Todos ellos tratan de emular el milagro japonés a través de la incorporación y adaptación de sus técnicas y políticas económicas.

A la hora de analizar cualquier logro de estos países, es preciso desprenderse de los esquemas tradicionales perfilados por la cultura europea, ya que los parámetros que definen y configuran a estas sociedades confuasiáticas tienen una dimensión muy distinta. Una de ellas es su concepción trascendente de la historia, que, con más de cinco milenios, se traduce en una obsesión por la supervivencia más allá del individuo y la sociedad, para abarcar a su cultura en el sentido más amplio. De ahí arranca su elevada estima por la educación, la formación y la necesidad de proteger su intangibilidad. La educación se convierte en la tarea colectiva por excelencia y el activo más importante.

Otro parámetro decisivo es su diferente concepción del Estado. Frente al ideal europeo de Estado militarmente fuerte, aconfesional y económicamente extravagante, los confuasiáticos parten de una perspectiva diferente. Las naciones son el equivalente moderno de imperios y no de tribus, en los que los liderazgos supremos representan la personificación de la cultura, de la que la sociedad es el más elevado ideal, que irradia, por consiguiente, un poder moral, político y económico. *El origen del poder nacional radica, en último extremo, en la cultura, como conjunto de valores compartidos sin discusión por la inmensa mayoría de los ciudadanos.* Esta cohesión explica el aislamiento que se practica hacia los extranjeros por no pertenecer al grupo cultural y por el miedo a fisuras culturales.

En este concepto de Estado, el Gobierno juega, y todo el mundo lo ve como natural, un papel central en la economía sin verse por ello excesivamente implicado en el juego concreto del mercado. Al estar estas sociedades modeladas en función de una cultura milenaria, se genera la obsesión por la coordinación, una aversión por conflictos y se eleva a la categoría de arte el compromiso.

Más allá de la macroeconomía

La flagrante contradicción entre los éxitos clamorosos en la economía de las cosas muertas y el crecimiento vertiginoso de las tasas de miseria, sufrimiento y delincuencia, en España, ha erosionado la credibilidad de los planteamientos globalizantes, tanto de tema macroeconómico como ideológico, a los ojos de la opinión pública.

Es preciso repetir, pues, una vez más, que si hay paro en España no es fundamentalmente por las disparidades existentes entre fabricantes o trabajadores disponibles, por la falta de capital o por inflexibilidades del mercado laboral. Existe paro, sencillamente, porque no hay puestos de trabajo; y no hay puestos de trabajo porque no surgen nuevas empresas en cantidad suficiente para compensar las que desaparecen; y las nuevas empresas no surgen porque el anquilosamiento de la sociedad española es el peor caldo de cultivo para que cristalice la innovación necesaria a nivel concreto.

Las constantes referencias al desarrollo económico nacional debieran sustituirse por la reflexión colectiva sobre los agentes emprendedores capaces de activar proyectos a nivel local. Sólo la suma de estos últimos perfila el crecimiento del producto nacional y, por ello, pocos discutirán que la incentivación de los innovadores y proyectos locales debiera, por lo menos, acaparar idéntica atención que la manipulación milagrosa de instrumentos globales.

En definitiva, mientras los sectores establecidos siguen aferrados al valor estratégico de las variables macroeconómicas como guía exclusiva hacia el equilibrio, la sociedad española se percata de la creciente incidencia sobre los niveles de bienestar de los comportamientos innovadores y de las políticas de innovación. De ahí, el interés renovado, aunque lamentablemente minoritario, por saber cuáles son los factores concretos que inducen a las gentes a innovar y cuáles los condicionamientos que estimulan u obstaculizan el cambio técnico y social.

La necesidad de transformar una sociedad que castiga al innovador en otra que lo aliente, ha centrado la atención de economistas y sociólogos en los rasgos comunes que les identifican como grupo social. Los innovadores se caracterizan, en primer lugar, por la convicción de que son capaces de garantizar el control interno del proyecto que están a punto de acometer. Esta convicción controladora o esta falta de rechazo frente a la incertidumbre no se da fácilmente en otros colectivos sociales. El innovador es consciente de que puede controlar las variables del proyecto que pone en marcha más allá incluso de las injerencias de un medio hostil.

Las encuestas efectuadas en Europa indican también que, en la mayoría de los casos, proceden de medios familiares vinculados a actitudes emprendedoras o empresariales y que muchos de ellos experimentaron uno o varios fracasos con anterioridad; el error constituye aquí una fuente particularmente imprescindible de aprendizajes necesarios que no tiene paralelo en otras esferas de la actividad humana.

En todos los casos, los nuevos emprendedores sólo perviven si cuentan con una densa red de información, de canales o instituciones donde puedan intercambiar conocimientos sobre productos, tecnologías, precios o mercados. Como el pez requiere el agua, para los innovadores es indispensable un nivel mínimo de cultura técnica a su alrededor. La información, los conocimientos y la inteligencia son hoy la materia prima de la vida económica, y no existe, para un país como España, objetivo más prioritario que el de difundir sus ínfimos niveles de cultura técnica. La elevación del nivel de cultura técnica depende básicamente —como se verá después— del sistema educativo y de los mecanismos que existan para transferir la información disponible en el mundo académico al de la producción.

Por último, los innovadores del siglo XXI —al contrario de los inventores de la Revolución Industrial— actúan en equipos cohesionados y apasionados por trayectorias e ideales parecidos; muy a menudo se han educado en los mismos centros escolares o frecuentado idénticos ambientes, formando parte de una sola trama educativa y social. Precisamente, uno de los grandes obstáculos al proceso innovador en España obedece a la falta de vertebración social y educativa —que aquí sustituye el amiguismo dispar al que se hizo antes referencia—. La falta de solidaridad con relación a redes humanas objetivadas en el conocimiento, la dispersión y el nomadismo en el mercado nacional de la información, genera las mismas expectativas iniciales de éxito que en países modernamente vertebrados, con una diferencia de efectos incalculables: en esos países las expectativas de que las redes innovadoras rentabilicen en éxitos concretos sus esfuerzos solidariamente objetivados son razonables; en España, en cambio, las probabilidades de verlas defraudadas son tan ingentes como las propias expectativas iniciales. El resultado es un sentimiento paralizante de frustración, matemáticamente alimentado por la estadística nacional, que es incompatible con los nuevos escenarios de la innovación.

A la hora de enumerar obstáculos al proceso innovador en España, es obligado constatar las grandes carencias de los niveles de cultura técnica de la sociedad española con relación a las actitudes puramente contemplativas o literarias. Existen ya en el mundo occidental alrededor de unos cuatro millones y medio de vocablos técnicos que habría que referir, para aquilatar la envergadura de ese activo, a las sesenta mil palabras de que pueden hacer gala idiomas tan ricos como el español o al millar con que la gente se acomoda para andar por casa. Pues bien, los cuatro millones de vocablos técnicos que constituyen el banco de datos de la cultura necesaria para la innovación están estérilmente monopolizados en manos de contados especialistas. Los esquemas educativos y de formación deberían orientarse rápidamente hacia la difusión de esa cultura técnica en la sociedad española tomada en su conjunto, si se quiere generar el caldo de cultivo necesario para estimular el cambio técnico y social.

La elevación de los niveles de cultura técnica pasa por reformas profundas de la EGB, enseñanza técnica y de ciencias empresariales. En materia de EGB, parece obvio que sus contenidos no responden a las exigencias de los nuevos escenarios de la innovación. Es una enseñanza cuyo defecto menor —y es muy grande— consiste en no dotar a los jóvenes de los lenguajes adecuados para interpretar la realidad en la que ulteriormente deberán adentrarse: el lenguaje biológico, económico, astrofísico o informático. Es un sistema educativo que, por no enseñar lenguajes, ni siquiera es capaz de enseñar idiomas.

En la era de la revolución tecnológica, las carreras de ingeniería y ciencias básicas son el punto neurálgico del progreso impulsado por la innovación técnica y social. Lamentablemente, la sociedad española mantiene en este sector comportamientos nada revolucionarios, orientados al viejo objetivo de generar técnicos en lugar de innovadores. La transformación de los ingenieros en seres humanos innovadores y de los especialistas de ciencias empresariales en personas familiarizadas y receptivas a las ciencias básicas y la tecnología, constituye un objetivo educativo de la máxima prioridad. La industrialización de la ciencia y la cientificación de la industria, características de los modernos procesos de producción, no pueden seguir por más tiempo sin encontrar su reflejo a nivel de los esquemas educativos.

La imbricación entre *management* y la tecnología a nivel educativo no se consolida con el fácil recurso de enseñar tecnología a los *managers* y *management* a los ingenieros. Es preciso diseñar de nueva planta las asignaturas que de manera específica reflejen en cada una de las dos enseñanzas los campos de gravedad coincidentes. Que nadie pretenda que la sociedad española participe de los impulsos innovadores de este fin de milenio sin haber antes acometido la reforma radical de las enseñanzas técnicas.

Cada vez que una sociedad se ha visto confrontada por el umbral de un gran impulso civilizador, ha recurrido a dos tablas de salvación: la intensificación de los procesos educativos y de la emigración. El equivalente moderno de los viejos intentos por profundizar y ampliar los ámbitos del saber es la imprescindible elevación de los niveles de cultura técnica.

En cuanto a la emigración, constituyó de siempre una cantera inagotable de innovadores y su equivalente en la era de la internacionalización de las infraestructuras tecnológicas viene dado por la decisión de integrarse política y socialmente, de manera colectiva, en la economía mundial. El proceso de integración europea representa el primer esfuerzo embrionario de apertura al exterior de la sociedad española, pero su consolidación en las próximas décadas exigirá la toma de decisiones tan difíciles de imaginar ahora como la unificación de los tipos impositivos en todos los países miembros de la Comunidad Económica Europea para eliminar los ajustes compensatorios en fronteras, los funcionarios encargados de liquidarlos y auspiciar el debilitamiento progresivo de los estados nacionales que, al compartimentar política y administrativamente procesos de innovación plenamente internacionalizados, atenazan el progreso social y la mejora de los niveles de bienestar.

España es, sin lugar a dudas, el país europeo que cuenta con menos y más débiles canales para transferir la información y los conocimientos desde donde supuestamente están —el mundo académico— al sector que los reclama: el mundo industrial. La transferencia de tecnología a los procesos de producción no se efectúa de manera adecuada y en ello yace uno de los principales motivos de la incapacidad innovadora de los españoles.

Al contrario de lo que ocurre en los demás países europeos, es alarmante que falten en España desde las formas más simplificadas para transferir tecnología, como consultorías en las propias universidades, hasta las más sofisticadas, como los parques científicos en los *campus* universitarios. Ninguno de los canales en boga en Europa o Estados Unidos ha merecido los favores del mundo académico español: consultorías, institutos de investigación aplicada, *liaison officers* con el mundo industrial, consorcios empresariales patrocinadores de departamentos de investigación, convenios Universidad-industria para el desarrollo de proyectos específicos, parques científicos. En volúmenes significativos, habría que citar, como excepciones que confirman la regla, la multiplicación de convenios de la Universidad Politécnica de Barcelona, y las tentativas de aumentar el número de institutos de investigación aplicada en el País Valenciano o los centros de innovación tecnológica en el País Vasco.

La regla de oro en este campo, como en tantos otros, es que no caben atajos, y que, por tanto, difícilmente se puede dar el salto cualitativo a canales de transferencias tecnológicas extremadamente sofisticadas, como los parques científicos —unos ochenta en Estados Unidos y no más de una veintena en el Reino Unido—, sin años de experimentación con fórmulas más primarias, como el establecimiento de consultorías o institutos de investigación aplicada. La sociedad española ha acumulado aquí un retraso inexplicable que sólo el esfuerzo conjunto de los responsables educativos, académicos y económicos puede colmar. Si se asumen los compromisos necesarios y se efectúan los esfuerzos apuntados, es probable que al final de la próxima década los españoles puedan contemplar, rentabilizándolo en mejores niveles de bienestar, el flujo natural de la información, los conocimientos y la inteligencia desde los centros del saber a los procesos de producción. Sin esas reformas, España no podrá participar en los impulsos renovadores de este final de milenio.

Al hablar de transferencias de tecnología, parece también inevitable llamar la atención sobre la inutilidad de determinados esfuerzos —en los que se especializaron la industria y la Administración españolas— por incorporar altas tecnologías extranjeras mediante el montaje de productos con un elevado componente tecnológico por parte de filiales de multinacionales extranjeras. La experiencia de Irlanda —donde tantos esfuerzos se hicieron en el mismo sentido— es particularmente relevante: los responsables de la política tecnológica en aquel país lamentan hoy no haber dedicado idénticos esfuerzos y recursos a la innovación y difusión tecnológica en su propio sector industrial. Por bienvenidas que sean las aportaciones de multinacionales en el sector de las altas tecnologías, nunca podrán suplir las políticas de apoyo a la propia innovación y la elevación tenaz, pausada y sistemática de los niveles de cultura técnica que la filial extranjera apenas penetra.

Por último, habrá quien se pregunte por las razones de esta insistencia un tanto repentina —incluso a nivel europeo— en los problemas de la difusión del conocimiento técnico. La explicación es sencilla y tiene que ver con los profundos cambios que han experimentado los propios procesos de innovación. La innovación tecnológica se genera hoy —al contrario de hace sólo unas décadas— en los límites de la ciencia pura: o se consigue imbricar a los centros científicos y universitarios con el tejido industrial o no puede producirse la innovación en la aceptación moderna de esta palabra. Un descubrimiento científico tarda un promedio de treinta años en desembocar en una innovación realmente comercializable. ¿Se trata de una ley natural? ¿Será la relación entre ciencia y tecnología de características tales que requiera esos plazos tan dilatados? ¿O, por el contrario, se trata simplemente de un *mismatch*, de una falta de sincronización entre los sistemas organizativos de la ciencia, la Universidad y la producción?

Pueblos con una rica tradición científico-tecnológica, como el alemán, o con vocaciones particularmente innovativas y creadoras, como el italiano, pueden acomodarse con relativa facilidad con una clase política dominante que no esté particularmente sensibilizada a la innovación ni que quiera innovarse a sí misma. El tradicional rechazo de los españoles frente al riesgo o la experimentación concreta y su tardía llegada al mundo de la revolución industrial hubiese requerido una clase política que fuese fuente de inspiración y apoyo continuo para todo el potencial innovador del país. Es discutible que así sea, y se diría que aquellos políticos más lúcidos dispuestos a admitir que todo va a cambiar a su alrededor en este final de milenio, no lo son suficientemente como para aceptar que sus propios comportamientos y talantes no podrán sustraerse a la vorágine de los cambios técnicos que se avecinan. Mientras esto no ocurra, Gobierno y oposición debieran, por lo menos, respetar las siguientes exigencias mínimas de modernidad:

> —Asignar recursos crecientes a la investigación y desarrollo que «sea pertinente» para el futuro industrial de este país. Algunos pasos se han dado en este campo durante los últimos años, pero la relevancia de esos esfuerzos nunca estará garantizada mientras no

se acreciente el papel del propio sector industrial en la financiación directa y gerencial de los proyectos innovadores.

—Mejorar los lazos del mundo académico y científico con los gerentes de los procesos de producción. Esto requiere un proceso de reflexión colectiva que establezca unas nuevas reglas de juego, un código ético que permita a los innovadores participar en los procesos de cambio tecnológico sin violentar los reglamentos, repartir tiempos entre enseñanza y asesoramiento o definir las relaciones jurídicas que amparen la involucración de alumnos *stagiaires*. En definitiva, de lo que se trata, en términos estrictamente económicos, es de reducir los costes de la transferencia universidad-industria. Paradójicamente, la sociedad española contempla atónita cómo esa transferencia entre dos instituciones generadoras de bienes y servicios no cristaliza, o bien porque la una no sabe de la otra, o bien porque los costes de esa transferencia son prohibitivos para las dos.

—Renunciar al centralismo autocrático. La experiencia europea de los últimos años ha puesto de manifiesto que las ayudas a los innovadores no se rentabilizan administrándolas desde ópticas centralizadas. Francia quintuplicó la rentabilidad de sus apoyos a la innovación con la reforma descentralizadora de 1979, y uno de los pocos campos en los que el Estado de las Autonomías está a punto de demostrar en España su mayor competitividad frente al Gobierno central —al nivel de experiencias locales y concretas, por oposición al nivel de los discursos políticos— es, precisamente, en las políticas de innovación y difusión de nuevas tecnologías.

—La prensa no ha captado todavía las imágenes de ningún ministro o representante oficial inaugurando un banco de datos, la conexión a redes de información económica internacional, escuelas de diseño industrial, de idiomas, o paquetes de *software*, por la sencilla razón de que, en un escenario europeo en donde esas inversiones intangibles representan ya casi un cincuenta por ciento del total, los sectores y teóricos de la política oficial y sus aparatos de seguimiento estadístico —además de una gran parte de la opinión pública española— siguen aferrados a los viejos conceptos de maquinarias, terrenos y edificios cada vez que se sugiere la necesidad de incentivar la inversión.

—Por último, el sistema fiscal español no sólo no estimula la creciente inversión en intangibles —característica de los países altamente industrializados—, sino que, en las pocas ocasiones que pretende apoyar directamente a la innovación, exacerba la imaginación de los contables en lugar de respaldar los esfuerzos de los innovadores. La experiencia europea demuestra que la vía del pasado, es decir, la multiplicidad de subvenciones fiscales a la innovación susceptibles de ser manipuladas por los departamentos de contabilidad —a menudo sin el conocimiento de los responsables de la investigación y desarrollo científico en la misma empresa— no constituye la vía adecuada. La mejor fiscalidad para fomentar la innovación es una fiscalidad simplificada, menos engorrosa que la actual y a ser posible atenuada.

Capítulo 8
Epílogo desde Londres*

---

* Fernando Pérez-Barreiro Nolla (1931-2010), autor de este epílogo, fue graduado en chino por la Universidad Politécnica de Londres, funcionario internacional y Premio Nacional de Traducción de Libros Infantiles y Juveniles.

El otoño londinense convida, como el salmantino de fray Luis, «a los estudios nobles». Casi un cuarto de siglo ha pasado desde mi primer encuentro con estos octubres embriagadores y lúcidos a un tiempo, y por entre los recuerdos de los mejores me acompaña, paseando por Canons Park, donde los ramajes guardan aún la dinámica arrebatadora de los himnos de Händel para lord Chandos, la figura juvenil de Eduardo Punset reflexionando sobre una España entonces desesperante y, para él y a pesar de todo, esperanzadora. Me quedó la nostalgia de aquel interlocutor agudo y raro. Y ahora, en la estación reflexiva, me llega su libro, ideal para la apertura de un nuevo curso de esperanzas y desesperanzas.

Eduardo Punset mira a España con la pasión y con la distancia que son igualmente necesarias. Pasión de quien busca soluciones para los males del país, y por eso rasga con el bisturí, delicado pero implacable, para poner al aire el tejido enfermo; y distancia, propia de quien vivió en otros países y otras sociedades con ánimo de aprender y sin dejar que pequeñas envidias y resentimientos nacionales hiciesen imposible el aprendizaje. Su trayectoria de apertura al mundo —de la que fue episodio importante, que no culminación, su gestión ministerial de las relaciones con la CEE— es un ejemplo de especial importancia en estos momentos en que, oficialmente integrados en Europa, tan difícil nos es guardar el equilibrio entre los tirones de una psique colectiva que arrastra siglos de desdeñoso desfase y las exigencias de una modernidad que requiere enorme esfuerzo incluso para quienes llegan a ella mejor preparados que nosotros.

La fecundidad de esa experiencia de Punset se nota no sólo en lo que dice, sino en cómo lo dice. En unas reflexiones que han sido siempre entre nosotros de talante quevedesco, reaparece en él una vena interrumpida siglos ha en nuestras letras: la sencillez bienhumorada del enfoque cervantino. El buen humor, que los europeos siempre apreciaron en la obra cervantina, en vez de la mala uva que tanto regocija a nuestros compatriotas y tan inútil resulta para remediar nuestras tribulaciones.

No le es fácil al español expatriado usar para bien su condición. Triste es reconocerlo, pero pocos lo han hecho. Una y otra vez, nuestra amarga historia empujó al exilio a puñados y más que puñados de españoles, de los mejores a veces, y ciertamente no de los peores. Algunos vivieron larguísimos años fuera de la patria y muchas veces enriquecieron con su trabajo o su saber al país que les dio acogida. Poquísimas veces, en cambio, arrojaron luz sobre la realidad del país de que hubieron de salir, ni siquiera —y esto es más sorprendente todavía— sobre las causas profundas que provocaron tal salida. ¿Exagerado pudor? ¿Mala conciencia? ¿Orgullo? Quizás todo eso y más; pero el caso es que, en la inmensa mayoría de los casos, el español se cierra como un caracol cuando sale al exterior.

Ante un fenómeno tan claro y tan automático, hay que pensar en un desarreglo, un mal funcionamiento de la personalidad individual y colectiva justamente aquí, en este problema de las relaciones con el exterior. Hay toda una serie de manifestaciones de esa disfunción, desde la ausencia secular de una política internacional guiada por criterios racionales, hasta la cadena de reacciones neuróticas en que se enreda el turista español.

El aspecto que más nos interesa destacar ahora es el que atañe a esos mecanismos de defensa contra no se sabe qué, que le impiden al español exilado o expatriado aprovechar su experiencia para ver mejor su país de origen y, en definitiva, hacen lastimosamente inútil y estéril para España lo que podría ser una fuente de enriquecimiento de la conciencia nacional.

Preocupado por este problema, tuve ocasión de comparar las reacciones de otros extranjeros en situación análoga, en el caso concreto de los que residen en el Reino Unido. Muchos de ellos sufrieron condiciones objetivamente tan difíciles como las del emigrante o expatriado español, o más difíciles por razones obvias (color, diferencias culturales más acusadas), pero rara vez encontré en ellos la elaboración paranoica de toda una ideología de encastillamiento infecundo con que tropecé en nuestros compatriotas. Vi, eso sí, militancia en la defensa de sus intereses, clara conciencia de problemas de adaptación, exageración ideológica a veces, pero siempre sobre una base de análisis y conocimiento de la realidad y disposición a entrar en relación dialéctica con ella. Nunca la marginación desdeñosa ni la puerta cerrada a la experiencia.

Hay una eterna adolescencia en esta actitud española, que me temo tiene más de presunción inmadura que de orgullo histórico. Bien sabido es que, hasta que dejamos de preocuparnos de si nos miran los demás, no podemos empezar a verlos. Ese egocentrismo quizá sea inevitable en la adolescencia, pero España es una nación vieja, con un pasado a cuestas, y no tendríamos los españoles por qué estar todavía en ésas. A no ser que precisamente de ese pasado nos vengan las rémoras que nos vedan el acceso a la madurez. Que haya experiencias que quedaron sin hacer, y tal vez del mismo orden dentro y fuera, y que, por eso, nuestra personalidad no corresponda a nuestros años.

De la historia debe venir esa vieja fantasía de la raza en virtud de la cual preferimos pensar que todo el mundo nos envidia a admitir con ecuanimidad que no se queden entusiasmados al vernos aparecer, antes de que hayamos hecho nada, simplemente por ser quienes somos. La otra cara de esa moneda, la versión interna de esa fantasía, es el desprecio por el trabajo y por el cultivo personal, tantas veces señalado en la literatura del patriotismo crítico español. Quien se cultiva, tiene que empezar por admitir que no es perfecto y no puede permitirse el lujo de la suspicacia quisquillosa y paralizante del hidalgo.

Hay excepciones insignes, y una de ellas queda manifiesta en las páginas que acabamos de leer.

Yo no sé si esa mejor disposición para ver, fijarse, asimilar y entender y para explicar con llaneza lo que piensa, virtudes indispensables para el intelectual y también para el político de buena ley, le vienen a Punset de su generación —¡ojalá!, pero no tengo pruebas concluyentes—, o tal vez, y puede ser que aquí esté entrando en mejor camino, de haber sido estudiante catalán en Madrid. Quien se ve sometido a esa edad eminentemente receptiva a un choque cultural, y es además inteligente y bien intencionado, tiene en su mano un instrumento espléndido y una base excelente para aprovechar luego su salida de la Península sin que lo arruine la seguridad en sí mismo de quien se siente siempre en casa y no tiene ni por qué fijarse en lo que le rodea.

Tan curiosa como la esterilidad de la experiencia internacional para el español es la esterilidad de su vivencia de la variedad peninsular. Y detrás de ambas está, me parece, el hecho de que la intelligentsia o sus equivalentes, al menos del siglo XV para acá, fueron creando una ideología aséptica, abstracta, centralista y excluyente, que tiene una versión religiosa, pero a la que no falta tampoco otra laica, que dio lugar a un código de señales por el que se reconocen entre sí los pertenecientes a esa clase o estamento y que, al mismo tiempo, los distancia de la fuente viva de la pluriforme realidad española, mucho más «europea» que quienes la articulan.

Quedó así cegada otra fuente de enriquecimiento, de comprensión y tolerancia. En esas condiciones, la actividad mental se limita a perfeccionarse en las reglas del juego, a adiestrarse, en provecho propio, en el mejor manejo de los rituales de la tribu. Y así quedamos sin ciencia e investigación básica y tenemos ahora que engancharnos en una revolución tecnológica cuyos fundamentos malentendemos y en cuya evolución no tenemos ni voz ni voto. El peligro está aquí en el fetichismo pseudopráctico de lo nuevo por lo nuevo, que, en la situación que dejamos esbozada, sólo pueden llevarnos a una profunda dependencia, a menos que hagamos un enorme esfuerzo de reorientación que nos permita poner las cosas en su lugar y ganar la perspectiva que nos falta.

El esfuerzo tiene que ser enorme, porque, como dice reiteradamente Punset, con muy buen juicio y hablando por envidiable experiencia, «no hay atajos para la modernidad». Dice también, y en esto quizás peque de optimismo, que la capacidad de aprendizaje de los españoles está intacta y que éste es su mayor activo y su única ventaja comparativa realmente indiscutible. También Mao Zedong escribió en su día, con igualmente buenos deseos sin duda, que la enorme ventaja con que China empezaba su marcha por la modernidad era el ser como un papel en blanco en el que todo podía escribirse, dando a entender con ello que se escribiría la épica de un brillante futuro colectivo. Lo malo fue que, evidentemente, China distaba mucho de estar en blanco, y los tirones de su milenaria complejidad económica, social y psicológica acabaron por desviar la derrota que el Gran Timonel fijara y están creando remolinos peligrosísimos para la navegación de sus sucesores. No hay atajos para la modernidad, y existe además el peligro de «equivocarse de modernidad». En España, el desamor por el esfuerzo, que acabamos de notar, es uno de los elementos nocivos que anidan en nuestra psicología y que atacan en la raíz a la capacidad de aprendizaje.

Por diversos caminos, llegamos siempre a una realidad histórica distorsionada. Francamente, no es que haya colectividades de perfil impecable en este mundo, pero el de la española tiene algo que le hace más difícil que a otras la tolerancia de las diferencias que está en la base del aprendizaje. Tanto el cierre a cal y canto como el mimetismo a ultranza son manifestación de esa dificultad.

No debe escandalizar esta percepción, que ha sido la de muchos españoles de espíritu crítico y patriótico que, con mejor o peor fortuna, trataron de diagnosticar y curar este cuerpo social doliente. Es casi una especialidad, esta de vivir España como problema, que no tiene paralelo en otras colectividades nacionales. Pero su ineficacia es notoria. Quizás porque las raíces del problema están implantadas a profundidades que las hacen inaccesibles a análisis que, aunque sean certeros a su manera o a su nivel, no las afectan.

Si es así, habrá que buscar un método de análisis histórico diferente en nuestro caso. ¿Por qué? Porque muy pocas veces, al menos en países europeos, el armazón ideológico objetivado en instituciones y tejido social está a tan poca distancia del inconsciente como en España. Digo inconsciente por llamar de alguna manera a esas capas geológicas nunca removidas de la psique colectiva. Me explico: la existencia de múltiples neurosis individuales es compatible con la existencia de unas instituciones políticas y sociales que tengan otro origen más «racional», o simplemente más lúcido, menos «maniático». Unas cuantas revoluciones a fondo ventilan, por regla general, esas manías. En nuestro país, en cambio, los valores y actitudes sociales y las instituciones en que encarnan reflejan con fidelidad impecable nuestras neurosis. Y dado que jamás sufrimos las crueles revoluciones a fondo que sacudieron y transformaron a nuestros vecinos, sino que vestimos de guerras civiles, igualmente crueles, los psicodramas de nuestras angustiosas dilaceraciones, todo viene siempre para nosotros de la misma fuente y nada se ventila de verdad nunca.

Claro está, todos los españoles tenemos, grosso modo, la misma neurosis, que es la de nuestro país (y de ahí, por cierto, que sea tan monótona nuestra literatura confesional).

Por eso es tan necesaria la excavación inexorable de nuestra psicología. No por masoquismo, ni por regodeo, que al final es complaciente con nuestra pretendida singularidad, sino porque, en el otro extremo, nada ganaremos con esconder el polvo debajo de la alfombra. En historia, el olvido equivale a incrustar en un presente estático lo que se quiso ignorar.

Aparte de esos obstáculos de buena o mala conciencia, nos ha inhibido a muchos de una tarea así la asepsia pseudocientífica que tanto se cultivó en la universidad de la posguerra; una posguerra que duró hasta no sé cuándo, porque la verdad es que la izquierda no supo oponerle más que una voluntad de compromiso igualmente cegadora. Nos convencimos demasiado fácilmente de que el «carácter nacional» no tenía justificación epistemológica. En éste, como en otros temas, la izquierda, en sentido amplio, se embarcó en un discurso universalizante en el que no tenía cabida este tipo de reflexiones y que, al final, la dejó en seco frente a la recién adquirida respetabilidad de la intelectualidad derechista que, con el campo libre, regresa feliz a las interpretaciones más montaraces de nuestra historia y nuestra sociedad.

No faltará tampoco quien piense que ha pasado ya el tiempo para reflexiones de este género. Sospecho, por el contrario, que ese tiempo está empezando. Estamos otra vez en un fin de siglo y comenzamos a poder ver en perspectiva las manías del siglo XX, uno de los más sangrientos de la historia. Los pronósticos más certeros de nuestra centuria los hicieron voces marginadas y disonantes de su tiempo en los ochenta y noventa de la pasada. El escándalo de sus contemporáneos, cómodamente instalados en su progresismo, se expresó diciendo que no podía hablarse de aquella manera «en pleno siglo XIX». Nuestro pleno siglo XX es cada vez menos pleno. Y si para algo debería servirnos la lección, es para no hacer proyecciones de futuro por mera extrapolación de los datos del presente. También aquí es certera la observación de Punset. La novedad en la historia es siempre más sorprendente de cuanto se imaginó. ¿Quién puede vaticinar en cada época dónde están las semillas de la siguiente? Por eso me parece imposible, por ejemplo, «educar para el año dos mil». Y eso que el año dos mil está ya muy cerca.

Educar para el año dos mil es lo mismo que educar simplemente, en el sentido propio de la palabra, es decir, adiestrar la mente para que esté abierta a todas las posibilidades, combatir la rigidez y el oscurantismo; que es lo que se llama ilustrar. Mala cosa si se invoca el futuro y sus exigencias para ponernos orejeras, tan mala como invocar el pasado para eso mismo. La demagogia del futuro es una de las más peligrosas, porque, más que ninguna otra, ignora y quiere ignorar los imponderables que hacen de la historia de la humanidad una continua y espléndida aventura creadora. Hay saltos cualitativos cuya génesis cuantitativa es francamente oscura.

Volviendo a nuestras dificultades de aprendizaje, es inevitable preguntarse aquí cuál ha de ser el fulcro de la palanca que nos permita remover esa losa que pesa sobre nuestros espíritus y nuestra historia.

Yo sugeriría, con toda la modestia que el tremendo caso requiere, que empezásemos por cultivar una sana desconfianza. Y digo «cultivar» con toda intención, porque el mito de la espontaneidad es peligro que no nos deja. Parar un momento en esa agitación desenfrenada que cada día caracteriza más la vida española y que no es ni europea ni moderna, como queremos pensar, sino de los viejos «Tiempos Modernos» de Charlot; parar, digo, y empezar a pensar cómo es posible que aceptemos siempre nuestra propia valoración y nos guiemos por ella, sin detenernos a considerar en cuánto nos tasan los demás. Es importante recordar que el juicio de los demás, sobre todo si tenemos negocios de cualquier tipo con ellos, no suele estar determinado por esos odios y envidias que les atribuimos, sino por criterios más objetivos. Mal les iría el negocio si así fuese. Ése sería un modesto primer paso. Y luego, ya por la historia arriba y por el mundo afuera, abrirnos al contraste, sin miedo a choques ni desilusiones.

Decían quienes sabían de experiencias iniciáticas que, para llegar a integrar la personalidad, había antes que descender a los infiernos. Terrible viaje ese por los infiernos interiores de nuestro averno peculiar; pero si no lo hacemos, seguiremos viviendo siempre en la ciudad alegre y confiada. Y eso ya no podemos hacerlo por mucho que nos empeñemos.

Adelantando una conclusión y resumiendo reflexiones, parece que el fallo capital de nuestra psicología colectiva es —como se sugiere en las reflexiones finales de *La España impertinente*— la incapacidad de interpretar la realidad. Interponemos siempre un prisma, lo que tal vez sea inevitable, pero ese prisma es en nuestro caso el de una impositividad egocéntrica. Nunca mejor expuesta esa incapacidad —y ese talante impositivo— que en *El Quijote*. Pero, rizando el rizo, hemos interpretado también mal la obra cervantina, y en lugar de ver en ella el reflejo de nuestro defecto capital y tratar de curarlo, lo exaltamos como idealismo y nos sirvió para reforzar la magnífica opinión que tenemos de nosotros mismos, e, inmediatamente, para tratar de imponerlo como modelo al mundo.

¿Idealismo? Don Quijote no se indigna por tanto entuerto real como debía haber a su alrededor en La Mancha, ni le apenan las miserias de sus vecinos. Nada de eso ve y, ciego a esa realidad, voluntariamente ciego, sólo le empujan a la acción los fingidos entuertos de los libros de caballerías. En ellos encuentra una fórmula abstracta y a través de ésta ve la realidad. No hay idealismo que pueda basarse en tal simplificación. El idealismo es una categoría moral, y no hay mundo moral donde no se ve al prójimo, donde la humanidad en toda su riqueza queda oscurecida por vapores librescos. Se nos vienen aquí a la memoria tantas «causas» que ahogan esos pequeños brotes de compasión y respeto, que son lo mejor que tenemos para cimentar la gran causa de labrar nuestra precaria humanidad.

Armado de una simplificación que hace pasar por idea, Don Quijote, igual que los que en él se ven representados, se corta el acceso a la realidad. Así se engendra el optimismo invencible de un ego que ocupa el mundo entero y que resiste a los batacazos porque nada aprende de ellos. Ni sabe quién se los da ni por qué los recibe.

Cuando tropezamos con la realidad, en la aventura que a ciegas emprendimos, no podemos ni siquiera sacar lecciones del fracaso, porque revive inmediatamente el mecanismo neurótico que creíamos derrumbado. Ya empiezan a oírse sus chirridos en las primeras desilusiones tras nuestra entrada en la Comunidad Económica Europea. «Todo es artificio y traza de los malignos magos que me persiguen», como decía el hidalgo de La Mancha.

El idealismo no es así, ni tiene nada que ver con todo esto. Es revelador darse cuenta de que la glorificación de Don Quijote como sumo idealista, tan socorrida para bálsamo de nuestros descalabros, está ausente en España durante los tres siglos que siguen a la publicación de la genial obra cervantina, y es sólo cosa del siglo pasado, e inspirada, por cierto, en la interpretación de los románticos alemanes. Paralelamente a esta significativa historia de la apreciación crítica de la obra, hace su curso el disfrute de la misma por el pueblo, edición tras edición. Y al silencio de la clase letrada patria se contrapone, sobre todo en Inglaterra y Francia, su entendimiento por escritores que de ella arrancan para iniciar el espléndido proceso de crecimiento de la gran novela realista europea, que sólo ha de llegar a España en sus postrimerías para encontrar allí pálido y epigonal cultivo. Ejemplo clásico de cómo la percepción aguda de un español marginado es ignorada por la clase letrada de su país, disfrutada por el pueblo si tiene la suerte de conocerla, apreciada también y utilizada en el extranjero, y al final retorna, evolucionada, y es acogida como algo nuevo y ajeno que se imita malamente y a destiempo en la tierra que debía haber arropado su germinación.

¿No valdrá la pena indagar, aunque sea penoso, las raíces de tan esterilizante ideología?

El *etos* de desprecio al trabajo que, curiosamente, sobrevivió en España a la formación del Estado moderno, privó al español de otro instrumento de percepción de la realidad. Quien trabaja no puede permitirse ilusiones sobre la naturaleza de sus materiales ni sobre los efectos de sus acciones. Si la obra no sale bien, no puede echarle la culpa a los encantadores. Quien ignora la realidad tiene que despreciar el trabajo, y viceversa. La resistencia del mundo real esculpe la personalidad y, asignándole límites, la hace al mismo tiempo consciente de sus capacidades reales.

Claro que hubo en España quien trabajó, pero no fueron ésos quienes configuraron el perfil nacional. Y la fuerza de la mentalidad hegemónica es tal que incluso los que la sufren acaban penetrados por ella, y, de actitud y de palabra, tanto desprecia el trabajo el ocioso como el que tiene que trabajar.

Otra posibilidad cerrada, pues, y otro factor de deformación de la realidad que nos echamos a cuestas.

Está de moda hoy criticar la ética del trabajo y anunciar la llegada de lo lúdico. Aparte del mal gusto de cantar la civilización del ocio en medio de un pavoroso desempleo, tal vez sea necesario, sí, corregir los excesos de una ética del trabajo en países que ya pasaron por ella, pero, en el nuestro, entrar en lo lúdico sin habernos armado antes de lo que el trabajo les dio a los que, por cierto, crearon o están creando los medios del ocio, sería un desastre sin precedentes. Resulta curioso, por otra parte, que la crítica de la ética del trabajo encuentre el eco antiprotestante que tan al pelo le va a nuestra tradición. El laico progresista de hoy siente un entusiasmo por el ocio que armoniza a la perfección con el del católico hidalgo que le precedió. Vindicamos en Disneylandia el espíritu de Trento.

Con tiempo y dedicación, habría que rastrear en la historia la formación de esta geología de distorsiones de nuestra relación con la realidad y, más concretamente, de nuestras relaciones con el extranjero. A menos que así lo hagamos, y por mucho que exteriormente nos modernicemos, estaremos edificando sin cimientos, o con cimientos amenazados de fallas peligrosísimas. Sin esa labor de fondo no pueden dar todo su rendimiento los análisis que hagamos, aunque empleemos las más apuradas técnicas que nos ofrezcan los escaparates de la modernidad. Es como si quisiéramos buscar solución contable a las acciones de un pródigo compulsivo.

Puede parecer desolador este panorama. Pero hay soluciones, más fáciles de ver que de explicar. Por eso es tan reconfortante volver a oír la voz de Eduardo Punset en este otoño de Londres. Una voz que no habla como Don Quijote loco, pero sí como Alonso Quijano cuerdo y, ciertamente, como Cervantes, ejemplo de buen idealista.

A quien me pregunte, de ahora en adelante, dónde veo un rayo de luz en ese paisaje un tanto adusto que esboza las reflexiones que acabo de hacer, podré entregarle *La España impertinente*, ahorrándome así muchas explicaciones.

Índice

9 Introducción

Capítulo 1
13 Primeras percepciones de España

Capítulo 2
41 Desde la BBC, buenas noches, España

Capítulo 3
67 Escenarios lejanos

Capítulo 4
99 La vida corporativa y la crisis

Capítulo 5
125 El aprendizaje económico de la Transición

Capítulo 6
153 Poder político y libertad: las alternativas

Capítulo 7
187 El futuro más allá de Europa, del liberalismo y de la macroeconomía
191 *Relegar al pasado los viejos demonios*
202 *Más allá del liberalismo*
214 *Más allá de Europa*
222 *Más allá de la macroeconomía*

Capítulo 8
233 Epílogo desde Londres